JN023852

# 経営と情報システム

## ビジネスと情報技術の融合

関川　弘　著

学術図書出版社

# はじめに

大学でビジネスを学ぶ皆さんへ

この教科書では、現代企業における情報技術の役割に焦点を当てています。ビジネス環境は絶えず変化しており、これらの変化に適応するために情報技術を活用するスキルは、将来のビジネスリーダーにとって不可欠です。本書は、情報技術がビジネスプロセスにどのように統合され、活用されているかを探求します。

第 1 章では、技術革新が社会に及ぼす影響について紹介し、情報技術の進歩が今後の社会をどう変えていくかを探ります。

第 2 章と第 3 章では、コンピュータとネットワークの基礎を初心者にも理解できるように詳しく説明します。

第 4 章では、人工知能の基礎とビジネスでの応用について、ディープラーニングの原理やその優れた点を例を挙げてやさしく解説します。

第 5 章以降では、60 年代から現代に至る IT 業界の変化、情報化投資、問題解決のための論理的思考、システム開発の方法、経営で利用される情報システム、情報セキュリティと個人情報保護などについて、初心者にも理解しやすいように詳述します。

この教科書を通じて、ビジネスを学ぶ皆さんが情報技術の基礎知識から実践的な応用までを習得し、将来のキャリアに役立つ堅固な基盤を築くことができることを願っています。

2024 年 3 月

関川　弘

# 目　　次

# 第1章　新たな社会への動き

　人間の社会は狩猟社会から始まり、農耕社会、工業社会を経て現代の情報社会に至った。それぞれの社会は、その時代に応じた技術革新が牽引してきた。たとえば、農耕社会では農業技術が、工業社会では機械化が、そして情報社会では情報技術が大きな役割を果たしている。今日、人工知能をはじめとする新たな情報技術が登場し、私たちの生活に大きな変化をもたらしつつある。情報技術の特徴と社会の発展について考える。

## 1.1　技術と社会発展

### 1.1.1　社会の発展段階

　社会の発展段階は、技術、社会構造、生活様式の変化によって特徴づけられる。狩猟社会では、人々は石斧や弓矢といった道具を用いて動物を狩猟し、自然の植物を採集して生活していた。生活は自然環境に大きく依存しており、血縁を基にした小さな集団で食料を求めて移動を繰り返した。

　次の農耕社会では、鋤や鍬といった農具を使用して土地を耕し、作物を栽培した。農業技術の発明により、頻繁に移動を繰り返す小規模な集団から多くの人が協力して定住する社会へと変わった。さらに、季節に合わせて食料を収穫し保存する技術が考え出され祭事など文化的な活動も行われるようになった。

　18 世紀に入ると蒸気機関が発明され第 1 次産業革命が始まった。石炭をエネルギー源とする動力技術により、それまで手作業で行っていた仕事を機械に置き換えることが可能になった。綿織物など軽工業を中心にその生産性が大幅に向上し、生活様式や労働環境、都市の形成など、社会の多くの面で変化がもたらされた。

　19 世紀後半から 20 世紀初頭にかけて第 2 次産業革命の時代を迎えた。

電気や通信技術の発達の他、製鉄業では、不純物を取り除くことで高硬度の鉄鋼を生産する技法が開発された。この技術革新は、大型機械の製造や造船といった重工業の発展を促し、商品の大量生産と輸送を容易にした。さらに、重化学工業の分野では、エネルギー源として石炭の代わりに石油が実用化された。石油はエネルギー利用効率が高く、小型のエンジンでも大きな動力を作り出すことが可能であった。中でも、石油から分離されたガソリンを燃料とする小型の内燃機関の発明は自動車や航空機の普及を促した。

　1960 年代に入ると、電子式計算機、すなわちコンピュータの実用化が進んだ。人間が行っていた数値計算や定型的な事務処理は、この時期からコンピュータによる機械処理に置き換わり始めた。1970 年代から 1980 年代にかけては、ハードウェアの製造技術やソフトウェアの開発技術が進歩し、多くの業界でコンピュータが利用されるようになった。そして、1990 年代にはインターネットの普及が加速し、ワールドワイドウェブ WWW（World Wide Web）や電子メールを通じて全世界の人々と情報のやり取りが日常的に行われるようになった。コンピュータとインターネットの普及によるこの変革は第 3 次産業革命とも称され、社会は物を中心とする工業社会から、情報が重要な役割を果たす情報社会へと移行した。

　今日、人工知能をはじめとする新しい情報技術がさまざまな産業分野に導入されている。これらの技術による産業の変革は第 4 次産業革命と呼ばれ、新たな社会の発展段階をもたらすと期待されている[1]。

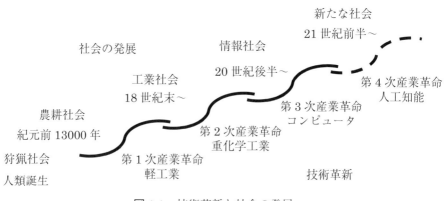

図 1.1　技術革新と社会の発展

### 1.1.2 情報社会論

1960 年代に登場したコンピュータは、社会の多岐にわたり影響を与えた。この時代、多くの研究者が情報技術によりもたらされる新しい社会についての議論を深めた。

京都大学の梅棹忠夫は著書『情報の文明学』[2]で、社会の発展を受精卵の成長過程に見られる 3 つの胚葉、すなわち消化器官に成長する内胚葉、筋肉や骨格に成長する中胚葉、脳や神経系に成長する外胚葉と比較して議論した。梅棹は社会発展の過程を「食料やエネルギーの確保が中心の狩猟・農耕社会、機械や工業が中心の工業社会、そして情報や知識が中心となる情報社会」と表現した。このアナロジーに基づき、当時成長し始めた非物質的な価値を提供する情報産業に着目し、来るべき情報社会では、物質的な豊かさよりも、満足感や心地良さなどを含めた、広い意味での情報が大きな役割を果たすとした。梅棹の考えは半世紀以上前のものであるが、人工知能の普及が進む現代においても、その基本的な考え方は有効性を持っている。

表 1.1 梅棹による社会の発展段階

| 社会の発展段階 | | 特徴 |
|---|---|---|
| 狩猟・農耕社会 | 内胚葉（消化器官） | 食欲を満たすために食べ物を求める |
| 工業社会 | 中胚葉（筋肉や骨） | 動力機械を使った大量生産を通して、物質的な豊かさを求める |
| 情報社会 | 外胚葉（脳・神経） | 物質的豊かさを超えて満足感や心地良さなど広い意味での情報が大きな役割を果たす |

## 1.2 情報社会を支える技術の特徴

### 1.2.1 ハードウェアの技術革新

コンピュータの核となるプロセッサは、インテルの共同創業者ゴードン・ムーア（Gordon Moore）が 1965 年に "Electronics" 誌で提唱した「半導体回路の集積密度は 18 ヶ月から 24 ヶ月で 2 倍になる」という経験則、通称ムーアの法則（Moore's law）に従って進歩してきた。

　電気信号はプロセッサ内で光速の 50%～70%の速さで伝播するとされる。電気信号の伝播速度を一定と仮定すると、集積技術の進歩によりトランジスタがプロセッサ内に高密度で集積されることは、単位時間あたりの演算回数の増加を意味しプロセッサの計算能力は向上する。さらに、集積技術の進歩はプロセッサの製造コストにも影響を与える。シリコン単結晶のウェハー上でプロセッサが製造される際、たとえば、10 箇所の不具合があるウェハーで 100 個のプロセッサが製造されると 10%が不良品となる可能性がある。しかし、集積率が向上し製造されるプロセッサの数が 200 個の場合、不良品の割合は 5%に低下する。その他の製造技術の進歩と合わせて、性能が向上する一方、生産効率、すなわち**歩留まり**が向上しプロセッサの価格が抑えられてきた。

　このような価格対性能比の向上は、コンピュータを支えるもう 1 つの基幹部品であるメモリにも見られる。そのため、半導体部品を使用したパソコンやスマートフォンなどの高性能製品が手頃な価格で提供され、これが IT 機器の迅速な普及を支えてきた。

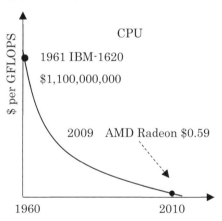

図 1.2　CPU の処理速度と価格の推移[3]

注：GFLOPS は 1 秒間に 10 億回の浮動小数点演算を意味する。

## 1.2.2　ネットワークの技術革新

　米国の経済学者ジョージ・ギルダー（George Gilder）は "Telecosm"[4]において、「通信網の帯域幅は 6 ヶ月ごとに 2 倍になる」と提唱した。この経験則は**ギルダーの法則**（Gilder's law）として広く認知されている。コンピュータの利用拡大が通信需要を刺激し通信会社が更なる設備投資を行う。それによって通信容量が増加するというサイクルが繰り返されてきた。

　プロセッサやメモリにおける技術革新と同様に、ネットワークの分野でも価格対性能比は向上してきた。この背後にある技術革新として**光ファイバー**の役割が大きい。光ファイバーはガラスやプラスチック製の極細の繊維で、光の信号を長距離にわたって高速で伝送できる。また、光ファイバーの主な素材は二酸化ケイ素であり自然界に豊富に存在するため安価である。このため、従来の銅線を使用した通信と比べて、はるかに大容量かつ高速なデータ転送が低価格で実現できるようになった。

## 1.2.3　ソフトウェアの技術革新

　1960 年代、システム開発においては、ソフトウェアは全て一から作り直すことが一般的であった。しかし、ソフトウェアには目的に関わらず共通して必要な機能が存在する。そこで、全てを一から作り直すのではなく、共通機能については既存のソフトウェアを再利用する方が合理的とされるようになった。しかし、ソフトウェアには部分的な変更が全体に影響を与えうるという特徴があるため再利用は必ずしも容易ではなかった。

　このため、ソフトウェアの開発技術に関する研究の多くは再利用しやすいソフトウェアの開発手法に充てられてきた。その成果として、現在、多くのソフトウェアがインターネットからダウンロードして利用することができるようになった。このような再利用可能なソフトウェアの集まりを**ライブラリ**と呼ぶ。たとえば、機械学習のためには Scikit-learn、TensorFlow などのライブラリがある。ライブラリが公開されているおかげで、既存のソフトウェアを再利用しつつ、さまざまな目的に必要な新たなソフトウェアを開発できる。

　ソフトウェアにおけるもう 1 つの大きな革新は、**オープンソースソフト
ウェア OSS**（Open Source Software）の登場である。OSS とは、ソースコ
ードが公開され、誰でも自由に使用、変更、または配布することができるソ
フトウェアである。この透明性により、世界中のボランティア開発者がオン
ラインで協力しさまざまなソフトウェアを開発している。多くの開発者が
多様なアイデアや技術を交換することで、効率的なソフトウェア開発が進
められている。OSS の代表的な例としては、オペレーティングシステムの
Linux やサーバ用の Apache などがある。

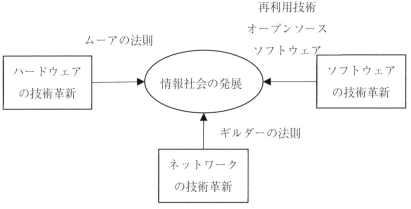

図 1.3　情報技術の革新と社会の発展

## 1.3　ビッグデータ

　現在、国民の多くがスマートフォンを所有する。スマートフォンにはさま
ざまなアプリがインストールされ、料金の支払い、動画や画像の投稿、視聴
など、いつでもどこでもサービスを利用できる。スマートフォン以外にもさ
まざまな機器がインターネットに接続され、これらの機器が生成する多様、
かつ大量のデータがインターネットに蓄積されている。このようなデータ
をビッグデータという。ビッグデータが注目される理由の 1 つに、人工知
能の学習データとして利用されていることがある。人工知能が能力を発揮
するためには、大量かつ多様なデータを用いて学習を行う必要がある。また、

商品の推薦やネット広告、機械の自動制御などの分野では、リアルタイムの
データ分析と、高頻度で発生するデータを迅速に処理することが必要であ
る。このようなことから、ビッグデータの特徴として表 1.2 に示す 3V が挙
げられる。

表 1.2　ビッグデータの 3V

| 3V | 意味 | 内容 |
|---|---|---|
| Volume | 大量 | インターネットに接続された機器、及び企業などにより生成され、蓄積される膨大なデータ量を意味する |
| Velocity | 高頻度 高速性 | いつでもどこでもデータが生成され、迅速に収集・処理されることを意味する |
| Variety | 多様性 | テキスト、画像、音声、動画など、さまざまな形式のデータが含まれることを意味する |

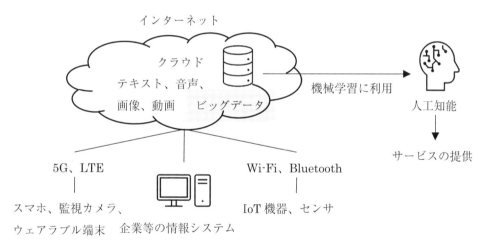

図 1.4　ビッグデータと人工知能

## 1.4 ビッグデータから価値を生み出す

　世界最大の検索エンジンを運営する Google の主な収益源は広告サービスである。Google の広告サービスの最大の強みは**ターゲティング**の精度にある。ターゲティングとは、特定の製品やサービスに興味を持つ消費者に対して関連する広告を表示するマーケティング手法であり、全国一律のマスメディアによる広告と比べて、利用者に合わせて広告内容が最適化されるため広告効果が大きい。

　Google は検索エンジン以外にも多くの無料サービスを提供しており、これらのサービスを通して利用者のデータを収集している。集めたデータは人工知能で分析され利用者が興味を持つ可能性が高い広告を高精度で予測する。

　Google の総資産利益率 ROA は、製造業などの伝統的企業と比較して 3 倍以上高いとされる。ROA は保有する総資産をどれだけ効率的に利用して利益を生み出しているかを示す財務指標である。ROA を使って Google が保有するデータの価値を推測できる[5]。

＜Google が保有するデータの価値の推測＞

　総資産を K、保有するデータの価値を B、当期利益を P とする。データが利益にどの程度寄与するかを考えるため、通常の企業の総資産利益率を約 3%とし以下の式を仮定する。

$$P/(K+B) = 3/100 \tag{1.1}$$

実際には、Google の ROA は 9%とされ、これは以下の式で表せる。

$$P/K = 9/100 \tag{1.2}$$

（1.1）と（1.2）から

$$B = 2K \tag{1.3}$$

が導かれる。

　（1.3）式は、保有するデータの価値が総資産の 2 倍であることを示す。

　これは理論上のモデルであり、実際の財務状況を反映するものではない。

しかし、Google の高い ROA は、データが利益に大きく貢献している可能性を示唆しており伝統的な企業との違いを表す。

　情報は、特定の目的に基づいてデータを加工・解釈することで得られる。Google は各種サービスから収集したビッグデータを加工・解釈し、得られた情報をもとに利益をあげる情報社会を代表する IT 企業といえる。

## 1.5　第4次産業革命と新しい社会

　第4次産業革命の概念は、2010 年にドイツ政府が提唱した"Industry 4.0"を起点とし、それを受けて米国の "Industrial Internet"（2012 年）や中国の「中国製造業 2025」（2015 年）などが登場した。日本では 2017 年に経済産業省が "Connected Industries" として、目指すべき産業の姿を発表した。この中で第4次産業革命の考え方が以下のように説明されている。

　「IoT（Internet of Things）、モノのインターネットにより、自動車、冷蔵庫など、あらゆるものが収集したデータがインターネットに上がってくる。それがやがて集まるとビッグデータと呼ばれるものになり、そしてそれが人工知能で分析される。さらに、人工知能をロボットや情報端末が活用することによって、今まで想像できなかったような商品やサービスが世の中に登場する」

　このように、第4次産業革命の核心はフィジカル（物理）空間からの情報を IoT により収集し、サイバー空間で処理した後、結果をフィジカル（物理）空間にフィードバックするシステムにある[6]。

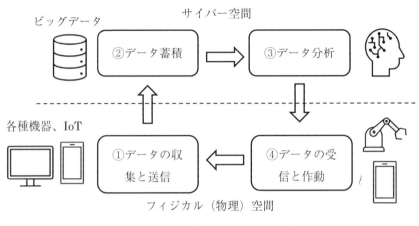

図 1.5　サイバー空間とフィジカル空間

＜サイバー空間とフィジカル空間の説明＞
① スマートフォンや IoT 機器を通じて大量のデータを継続的に収集する。
② さまざまな場所で収集された多様なデータがインターネット上に集約され、どこからでもそのデータにアクセスできる。
③ 蓄積されたデータは分析され予測や問題解決のヒントが得られる。
④ サイバー空間で処理されたデータに基づいて、機器やシステムが実世界で作動する。

　ソフトウェアは特定の論理をプログラミング言語で表現したものである。その内容は目的に合わせて自由に変更可能で、処理の手順さえ明確であれば、どんな機能でも実現できる。ソフトウェアが持つこのような柔軟性から、情報技術は内燃機関や電気と同様に、多岐にわたる用途に利用可能な**汎用技術 GPT**（General Purpose Technology）と位置付けられる。情報技術は産業面に止まらず私たちの働き方やライフスタイル、企業経営、雇用、教育など多方面の改革を促し社会を次なるステージに移行させる可能性を持っている。人間が行ってきた作業がひとたび情報技術によって代替されると、

人間のスキルや能力は情報技術に転移し社会の仕組みが情報技術を前提とするものに変化する。情報技術の導入によってもたらされた利便性を放棄することは困難であり、情報技術は不可逆な変化を引き起こす。このようにして新たな社会に向けた変化は着実に進むと考える。

# 第2章　コンピュータの構成とソフトウェア

　計算機の発展過程と現代のコンピュータの基本的なアーキテクチャであるノイマン型コンピュータを構成する 5 大装置について説明する。また、ソフトウェアについては目的や機能を基にした分類方法、プログラミング言語の種類、ソフトウェアビジネスの特徴について説明する。

## 2.1　計算機の発展

　計算の道具に対する需要は商取引、天文学、土地測量など、さまざまな場面で存在した。古代から中世にかけてアジアや中東で普及したアバカスは、効率的に計算するための道具として、主に商人や学者によって用いられた。

　1642 年にはブレーズ・パスカル（Blaise Pascal）によって初の機械式の加算機パスカリーヌ（Pascaline）が開発された。徴税官だった父親の仕事を助けるために考案されたといわれる。当時のフランスの貨幣単位は複雑な非 10 進法を採用しており計算に多くの手間がかかったが、この機械は歯車を利用してダイヤルを数字分だけ回すことで加減算が実行できた。

　1804 年にはジョゼフ・マリー・ジャカード（Joseph Marie Jacquard）により、後の計算機開発の先駆けとなるパンチカード技術を使用したジャカード織機が発明された。パンチカードシステムは、織物の模様を制御するために使用される革新的な技術であった。この機械は計算機としての機能は持っていなかったがプログラムの原理やデータ入力の方法として計算機の発展に重要な貢献を果たした。

　16 世紀から 18 世紀の大航海時代には、天測航法という星や太陽の観測を基に船の位置を特定する方法が利用されていた。天測航法では天体の位置を正確に予測する必要があったが、地球の歳差運動（回転と一緒に地軸が揺れる）や公転軌道のずれの影響があるため、天測航法に必要な数表を定期

的に更新するための計算需要が存在した。さらに 19 世紀に入ると産業革命の進展に伴い機械の設計や工学的な問題解決などのために多くの計算が必要とされるようになった。

このような背景の中でチャールズ・バベッジ（Charles Babbage）は**階差機関**の開発に着手した。当時、高度な機械の設計や安全な航海は国家の産業、経済力に大きな影響を及ぼしていたため、バベッジの計画は英国政府から資金的な援助を獲得した。階差機関は、手でクランクを回すことにより自動的に計算を行い、結果を印刷することができる革命的な機械として設計された。次にバベッジが考案したのは**解析機関**であった。解析機関は加算以外に減算、乗算、除算など、より複雑な算術操作を実行することができた。ジャカード織機から着想を得たパンチカードシステムを使用して一般的な計算を行うための「プログラム可能」な計算機として設計されていた。バベッジの考案した計算機はきわめて多くの精巧に加工された部品を必要としたため当時の技術では実現が難しかった。しかし、彼のアイデアは計算の自動化の先駆けとして後の計算機技術の発展に大きな影響を与えることとなった。

機械式計算機の時代は、歯車やレバーなどの機械的な部品や装置を使って、人間の手による計算を助けることを主な目的としていた。パスカリーヌやバベッジの階差機関などは卓越した技術的達成を示していたが、それでも計算の速度や柔軟性の面で限界があった。

20 世紀の初め、科学や工学の進歩に伴う計算の需要がさらに増大し、新たな技術的挑戦が生まれた。この課題に対応するため、電気を利用したリレー技術が計算機に導入された。リレーは電気的な信号によってスイッチの開閉（オン／オフ）を行うデジタル装置である。これにより複雑な論理演算を迅速に実行することができた。リレーを用いたデジタル処理は、後のトランジスタや集積回路を使用する電子式計算機への重要なステップとなった。

世界初の電子式デジタルコンピュータはペンシルベニア大学のジョン・モークリーとジョン・エッカートを中心とするグループが 1946 年に製作した **ENIAC**（Electronic Numerical Integrator And Computer）とされる。ENIAC は米国陸軍からの依頼に基づいて、砲撃の軌道計算に必要な計算機

として作られた。真空管約 18,000 本を使い、長さ 30m、重さ 30 トンの巨
大な装置であった。1 回の足し算に要する時間は 1/5000 秒であり当時の計
算機としては極めて高速であった。しかし、この計算機は処理内容を変更す
るためにワイヤの再配線が必要となるため、タスクの切り替えに大きな負
担があった。

表 2.1 にコンピュータ史において重要な役割を果たした計算機を示す。

表 2.1　歴史的な計算機

| 計算の原理 | 機械式 | 電気式 | 電子式 |
|---|---|---|---|
| 主要部品 | 歯車 | リレー | 真空管 |
| 時期 | 17-18 世紀 | 1900 年代前半 | 1900 年代中頃 |
| 動力 | 人 | 電気 | |
| 計算機の例 | パスカリーヌ<br>階差機関<br>解析機関 | ベル研究所リレー計算機<br>Z3<br>MARK I | ENIAC<br>EDVAC<br>UNIVAC |

## 2.2　ノイマン型コンピュータ

ハンガリー出身の数学者・物理学者、ジョン・フォン・ノイマン（John
von Neumann）は、計算機のワイヤの再配線の必要性をなくすための方法
を "First Draft of a Report on the EDVAC"（1945）で提案した。このレポ
ートに示されたアーキテクチャに基づき 1949 年に ENIAC の後継機として
**EDVAC**（Electronic Discrete Variable Automatic Computer）が開発され
た。EDVAC で採用されたアーキテクチャは現代のコンピュータでも利用さ
れており、現代のコンピュータは**ノイマン型コンピュータ**と呼ばれる。彼の
アイデアは装置を独立した機能を担う 5 つに分け、プログラムとデータを
記憶装置に格納し、記録されたデータと命令を計算機が順次読み取って処
理を行うものであった。これにより、物理的な再配線を行うことなく処理内
容を変更できるようになった。

ノイマン型コンピュータの特徴の 1 つは、記憶装置にプログラムとデー
タを記録する**プログラム蓄積方式**の採用である。この方式の採用によりソ

フトウェアの概念が生まれた。

　それまでの歯車を使った機械式やリレーを用いた電気式計算機では、処理内容を物理的な配線のパターンで設定する必要があった。しかし EDVAC ではプログラムをパンチしたカードを読み込み、記憶装置にロードすれば実行できた。これにより計算機の物理的な再設定なしに異なる処理の実行が可能となった。

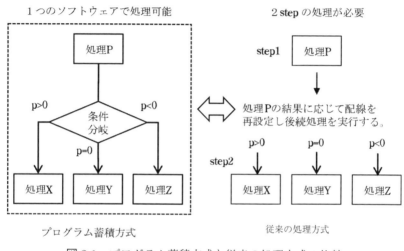

図 2.1　プログラム蓄積方式と従来の処理方式の比較

　プログラム蓄積方式の採用により、条件に応じて処理を選択する条件分岐や、特定の条件が満たされるまで一定の操作を繰り返すループといった基本的な制御が可能となった。処理パターンを配線で設定する場合、条件分岐が重なると、処理の組み合わせの数が爆発的に増加するため、それを物理的な配線で実現することは事実上不可能である。このためプログラム蓄積方式が登場する以前の計算機は複雑な計算を実行することはできなかった。しかし、ノイマン型アーキテクチャを持つコンピュータは、計算だけでなく、データの整理や分析など多岐にわたる処理を自動化できた。その結果、コンピュータの応用範囲は飛躍的に広がり、日常生活やビジネス、科学技術の分野において計り知れない影響をもたらすこととなった。

　パソコンやスマートフォンはノイマン型コンピュータの代表例であるが、それ以外にもこのアーキテクチャを採用したコンピュータは社会の至る所で利用されている。たとえば、飛行機の航空制御システム、自動車のエンジンやブレーキを管理するシステムなども、ノイマン型のコンピュータのアーキテクチャをベースに動いている。また、家庭で使われる洗濯機や電子レンジ、エアコンといった家電製品にも、ノイマン型コンピュータの原理に基づく小型の制御装置が搭載されている。

## 2.3　ハードウェア

### 2.3.1　コンピュータの構成

　記憶装置のアイデアは異なる機能を持つ独立した複数の装置が連携して動作するアーキテクチャを生み出すきっかけとなった。図 2.2 にノイマン型コンピュータの 5 大装置を示す。

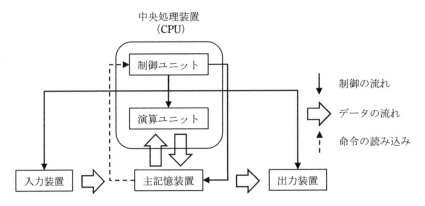

図 2.2　ノイマン型コンピュータの 5 大装置

### 2.3.2 中央処理装置

中央処理装置 CPU（Central Processing Unit）はコンピュータの「脳」とも言える部分であり、プログラムの命令を実行する装置である。**制御ユニット**と**演算ユニット**で構成され、制御ユニットは**主記憶装置**から命令を取得し実行を制御する。演算ユニットは算術や論理演算を行う。

CPU がプログラムを処理するためには、ハードディスクなどの補助記憶装置に格納されているプログラムを主記憶装置に読み込む必要がある。オペレーティングシステムを介して主記憶装置にプログラムがロードされた後は、CPU はプログラムの実行を停止する命令が現れるまで、次のような処理を繰り返す。

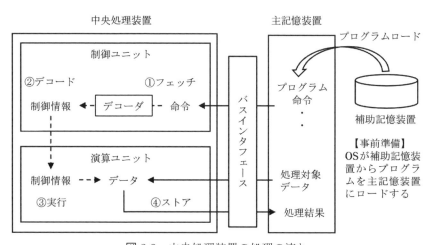

図 2.3 中央処理装置の処理の流れ

**＜中央処理装置による処理の流れ＞**

① フェッチ：プログラムの命令を主記憶装置から呼び出す

② デコード：読み出した命令を解読する

③ 実行：解読された命令を実行する

④ ストア：必要に応じて処理結果を主記憶装置に書き込む

　プログラミング言語は CPU が解釈・実行可能な 1 と 0 のバイナリで表わされる機械語に変換される必要がある。この変換プロセスを**コンパイル**という。主記憶装置にロードされるプログラムの各命令はコンパイルを経て機械語で記録される。機械語の命令を読み込んだ制御ユニットは命令を解読し、演算ユニットに対しどの論理ゲートをどのような順番で実行するかを指示する。演算ユニットはトランジスタを組み合わせた論理ゲートで構成されており論理演算を実行するハードウェアである。このようにしてプログラムの命令の 1 つ 1 つは論理ゲートを順番に働かせることで処理される。米国の数学者・電気工学者であるクロード・シャノン（Claude Shannon）は、1937 年の論文 "A Symbolic Analysis of Relay and Switching Circuits" において、基本的な論理ゲートを組み合わせることで、任意の複雑な論理を実現することができることを詳述している。基本的な論理ゲートとして以下のものがある。

＜基本的な論理ゲート＞
- ・ AND ゲート：2 つの入力が両方とも「真」のときのみ「真」を出力
- ・ OR ゲート：2 つの入力のうち、どちらか一方でも「真」であれば「真」を出力
- ・ NOT ゲート：入力が「真」ならば「偽」を、入力が「偽」ならば「真」を出力

　CPU はマザーボード上のクロックジェネレータが生成するクロック信号に同期して処理を行う。1 秒間に発生するクロック信号の数を**クロック周波数**という。クロック周波数が高い CPU は高速で動作する。しかし、複数のCPU を搭載するマルチプロセッサや、1 つの CPU に複数の処理部（コア）を持つマルチコアプロセッサなどの技術革新により、処理性能は必ずしもクロック周波数のみでは決まらない。

### 2.3.3 記憶装置

　記憶装置はアクセス速度とコスト（価格）によりいくつかの種類に分けられる。**レジスタ**と**キャッシュメモリ**は CPU の内部やその近くに位置し、頻繁にアクセスが行われるデータや命令を高速に読み書きするためのメモリである。これにより、待機時間を短縮し CPU の性能を最大限に引き出す役割を果たす。しかし高速で動作するメモリは高価であるため利用できる容量は限られる。メモリの容量が小さい場合、必要なデータを低速な記憶装置から読み込む頻度が増すため処理速度が低下する。このような理由からメモリの適切な使い分けが必要になる。

表 2.2　記憶装置のアクセス速度と容量の例

| 種類 | アクセス速度 | 容量 |
|---|---|---|
| レジスタ | 0.5〜1 ns | 32 ビット、64 ビット |
| キャッシュ | L1:1〜3 ns<br>L2:3〜10 ns<br>L3:10〜40 ns | L1:32KB〜128KB<br>L2:256KB〜1MB<br>L3:2MB〜32MB |
| 主記憶装置 | 40-120 ns | 8GB〜128GB |
| 補助記憶装置 | SSD:10 µs〜1 ms<br>HDD:1 〜 10 ms | SSD:256GB〜8TB<br>HDD:500GB〜16TB |

ms（ミリ秒）:1000 分の 1 秒

µs（マイクロ秒）:100 万分の 1 秒

ns（ナノ秒）:10 億分の 1 秒

　主記憶装置は OS やアプリケーションが使用するデータやプログラムを記憶するための装置である。アクセス速度は比較的早いが、電源を切ると内容が消失する揮発性のメモリが使われる。

　**補助記憶装置**はデータを永続的に保存するための装置で**ハードディスクドライブ HDD**（Hard Disk Drive）や**ソリッドステートドライブ SSD**（Solid-State Drive）などがある。主記憶装置に比べてアクセス速度は遅いが大量のデータを低コストで保存することができる。

　外部記憶装置はコンピュータ本体から独立した装置で、USB メモリや外付けハードディスクドライブ、光ディスクなどがある。データの移動やバックアップのために利用されることが多く取り外して他の機器で利用することができる。

　メモリは技術や使用する材料により**半導体メモリ**、**磁気メモリ**、**光ディスクメモリ**に分けることができる。半導体メモリは電子回路を用いてデータを保存する。電源が切れるとデータが消失する揮発性の **RAM**（Random Access Memory）と電源を切ってもデータが保持される非揮発性の **ROM**（Read Only Memory）に分けられる。ROM の中ではデータの書き換えが可能な **EEPROM**（Electrically Erasable Programmable Read-Only Memory）が多く利用されている。

表 2.3　半導体メモリの種類

| 種類 | 特徴 | 使用例 |
|---|---|---|
| SRAM | フリップフロップ回路を使用し高速アクセスが可能 | レジスタ、キャッシュメモリ |
| DRAM | データを電荷で保存するため、定期的にリフレッシュ（再充電）が必要 | 主記憶装置 |
| EEPROM | 書き換えが可能な ROM。パソコンの BIOS、家電等に搭載されている | フラッシュメモリ（SSD、USB 等） |

　磁気メモリはデータを磁気的に保存する。代表的なものとしては HDD があり大量のデータを永続的に保存することができる。

　光ディスクメモリは、レーザーを使用してデータを読み書きするメモリである。CD、DVD、Blu-ray ディスクなどがある。データの配布や保存に利用される。

　図 2.4 にメモリの階層構造を示す。

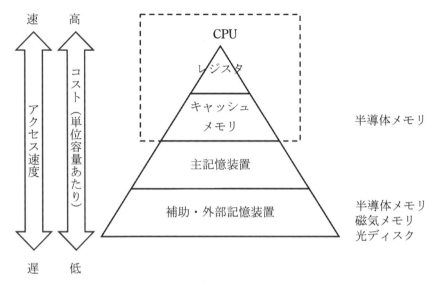

図 2.4 メモリの階層構造

### 2.3.4 入力装置

入力装置はデータや指示をコンピュータに入力するための装置である。表 2.4 に主な入力装置と機能を示す。

表 2.4 主な入力装置と機能

| 種類 | 機能 |
| --- | --- |
| キーボード | テキストの入力 |
| マウス | カーソルの移動や選択 |
| スキャナ | 紙のドキュメントを読み取る |
| タッチスクリーン | 指で操作可能なディスプレイ |
| マイクロフォン | 音声をデジタルデータとして取り込む |
| バーコードリーダ | バーコードを読み取る |
| RFID リーダ | RFID タグの情報を読み取る |
| バイオメトリクスセンサ | 指紋、虹彩などの生体情報を読み取る |

## (1)　キーボード

　一般的に利用されているキーボードは **QWERTY 配列**を持つキーボードである。QWERTY 配列とはキーボード上段の左から順に並ぶキー配列を指す。この配列の起源は、小さなハンマーを使って文字を紙に印刷する機械式のタイプライターにある。初期の機械式タイプライターは高速で打鍵すると故障しやすく、QWERTY 配列はオペレータの打鍵スピードを抑えるために考案されたとされる。その後、技術の進歩によってタイプライターは高速で入力しても故障することはなくなったが、一度普及した打鍵スピードを抑えるためのキー配列はそのまま採用され続けた。その理由は、多くの人がQWERTY 配列に慣れていたことと、大量に生産されているため低価格であったことなどによる。

　QWERTY 配列は、国や組織によって公的な標準として認められていたわけではないが、多くのユーザに利用され、世界中で最もポピュラーなキー配列となった。このように公的な標準に依ることなくユーザに広く受け入れられ普及した技術や製品を**デファクトスタンダード**と呼ぶ。

　QWERTY 配列のキーボードの例は、ある製品がひとたび広く受け入れられると、後から優れた製品が登場しても市場のシェアを奪うことが難しくなることを示している。過去の選択や偶然の出来事が未来の技術や市場に影響を及ぼすことを**経路依存**と呼ぶ。経路依存は技術的に優れた製品が必ずしも市場で成功するわけではない事を示す。

## (2)　バーコードリーダ

　バーコードは小売店のレジや物流業界の追跡システムにおいて、自動的なデータ入力を可能とすることで業務効率の向上に大きく寄与している。

　バーコードには 1 次元バーコード（縦の線の集まり）と 2 次元バーコード（2 次元のパターン）の 2 種類がある。QR コードは 2 次元バーコードの例である。格納される情報量は 1 次元バーコードで数十バイト、2 次元バーコードで 3,000 バイト程度である。

　日本で最も利用されている 1 次元バーコードの規格は JAN コードである。JAN13 は国コード、メーカーコード、商品コード、**チェックデジット**

で構成される。チェックデジットとは、バーコードの誤読を防ぐための数字で、バーコードを構成する他の数字をもとに、決められた計算手順で算出される。バーコードの読み取り時に検算を行いチェックデジットの値が一致しない場合、読み取りエラーとする。

　10 を基準としたチェックデジットの算出方法（モジュラス 10/ウェイト 3 と呼ばれる）を以下に示す

＜チェックデジットの算出方法の例＞

国コード: 45
企業コード: 1234
商品コード: 0
チェックデジット: 5

45 1234 0 5

図 2.5　バーコード（8 桁短縮版）の例

① チェックデジットを除いて、最も右の数字を奇数位置とし 7 個の数字を奇数位置と偶数位置に分ける
　　奇数位置　0、3、1、4
　　偶数位置　4、2、5
② 奇数位置にある数字の合計を求めて 3 倍する
　　合計 ＝ 0 + 3 + 1 + 4 = 8
　　8 × 3 = 24
③ 偶数位置の数字を合計する
　　合計 ＝ 4 + 2 + 5 = 11
④ 奇数位置、偶数位置の数字の合計の和を求める
　　24 + 11 = 35
⑤ 10 から④で求めた合計値の 1 桁目の数字 5 を引いてチェックデジットを決める
　　10 − 5 = 5

## (3) RFID リーダ

RFID リーダは **RFID タグ**から情報を読み取る装置である。RFID タグには、無線でデータを送受信する小さなチップやアンテナが入っており、ラベルやカードなどのタイプがある。物理的な接触なしに複数のタグを一度に読み取ることができる。

たとえば在庫管理では商品や部品にそれぞれ固有の情報を設定した RFID タグを取り付ける。RFID リーダを使って、入荷、出荷、移動時の商品情報を瞬時に読み取り、データベースと連動させて、在庫の状態や位置を常に最新のものに更新する。これにより在庫の過剰や不足を回避し、より効率的な管理が可能になる。普及への課題としてタグの価格や個人情報と関連付けられた場合のセキュリティ問題などが挙げられている。

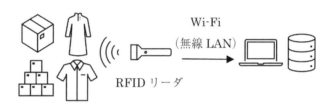

図 2.6 RFID タグの利用イメージ

### 2.3.5 出力装置

出力装置は処理されたデータをユーザに伝える装置である。

表 2.5 に主な出力装置と機能を示す。

表 2.5 主な出力装置と機能

| 種類 | 機能 |
|---|---|
| モニター | コンピュータの動作状態やデータ、グラフィカルな情報を視覚的に表示する。CRT（ブラウン管）、LCD（液晶ディスプレイ）、有機 EL ディスプレイなどがある |
| 3D プリンター | 電子的な形状データをもとに樹脂や金属、プラスチックなどの材料を積層・固化させることで立体物を製造する |
| プリンター | 文書、画像、グラフィクスなどを紙上に印刷する。インクジェットプリンター、レーザープリンター、ドットマトリクスプリンターなどがある |
| スピーカー | 音声や音楽などのオーディオ情報を再生する |
| プロジェクター | 映像やスライドを大きなスクリーンや壁に投影する |
| プロッター | 大きな図面や高品質のグラフィクスを描画・印刷する |
| ヘッドホン／イヤホン | 個人向けに音声や音楽を提供する |

## (1) 有機 EL ディスプレイ

有機 EL ディスプレイは液晶に代わる次世代ディスプレイとして期待されている。電圧を加えると発光する有機化合物を利用しているため、バックライトを必要とせず薄型化が可能で、厚さ数ミリのディスプレイも製品化されている。また、柔軟な材料を使用しているため、折りたたみが可能なディスプレイの製造も進められている。

## (2) 3D プリンター

3D プリンターはデジタルデータをもとに物体を層状に積み上げて造形する装置である。樹脂、金属、セラミックなどさまざまな材料を使用することができ、複雑な形状の物体も製作できる。近年、技術の進歩と市場の拡大に伴い価格が確実に低下している。価格の低下により中小企業での導入や小規模な生産での利用が増えている。数万から数十万円の範囲で購入可能な製品もあり、個人のホビー用途や教育用途での使用も一般的になりつつある。

## 2.4 ソフトウェア

### 2.4.1 プログラミング言語

　ソフトウェアはコンピュータや電子機器が特定のタスクを実行するための命令の集合である。ソフトウェアに記述された内容に従ってハードウェアが処理を実行する。

　プログラミング言語は人とコンピュータの間のコミュニケーションの道具である。コンピュータが理解する機械語は 0 と 1 のバイナリで記述され、人間が機械語でプログラムを書くことは困難である。人間の言葉に近い**高水準プログラミング言語**を使用することで人は複雑な計算やタスクをコンピュータに指示することができる。高水準プログラミング言語にはそれぞれ独自の文法や特性があり、用途に対する向き不向きがある。プログラミング言語の進化により効率的なソフトウェア開発が可能となった。

**表 2.6　プログラミング言語の種類**

| 種類 | 概要 | 言語例 |
|---|---|---|
| 機械語 | コンピュータの中央処理装置(CPU)が直接解釈・実行できる 0 と 1 のバイナリ形式で記述する言語 | N/A |
| アセンブリ言語 | 機械語の命令を人間が読みやすい形式で記述する言語。各命令は特定の機械語の命令に 1 対 1 で対応する | N/A |
| 手続き型プログラミング言語 | 実行すべき命令を処理順に記述する。事務処理用や科学技術計算などで利用された | COBOL<br>FORTRAN |
| 構造化プログラミング言語 | 順次、分岐、反復の三種の制御構造で記述することでソフトウェアの構造が理解しやすくなる | C<br>Pascal |
| オブジェクト指向プログラミング言語 | データとそのデータに対する操作を組み合わせたオブジェクトという単位でプログラムを構築する言語 | C++<br>Java |
| スクリプト言語 | 事前のコンパイルが不要で、コードの変更とテストが短時間で可能な言語 | Python<br>JavaScript |

### 2.4.2　ソフトウェアの分類

　ソフトウェアはその目的や機能に応じて分類され、それぞれ特有の用語で呼ばれる。表2.7に使用目的によるソフトウェアの分類を示す。

表2.7　使用目的によるソフトウェアの分類

| 分類 | | 使用目的と例 |
|---|---|---|
| システムソフト | | コンピュータシステムの基本的な動作をサポートする |
| | オペレーティングシステム | ハードウェアとソフトウェアの間のインタフェースとして機能する。Windows、macOS、Linuxなど |
| | デバイスドライバ | 特定のハードウェアデバイスをOSが認識・操作できるようにする |
| | ユーティリティ | システムの設定や管理を補助する。アンチウィルス、ディスククリーンアップソフトなど |
| アプリケーション | | 特定のタスクや機能をユーザーに提供する |
| | ビジネスソフト | 会計、在庫管理、CRMなどの業務を支援する |
| | 教育用ソフト | 教育や学習をサポートする。語学学習アプリなど |
| | エンターテインメント | ゲームやメディアプレイヤーなどの娯楽用途 |
| | グラフィックス、デザインソフト | 画像編集や3Dモデリングなどのクリエイティブな作業を支援する |
| 埋め込みソフト | | 特定のハードウェアデバイスやシステム内で動作する。家電製品、自動車、産業機器などに搭載される |
| 開発用ソフト | | ソフトウェアやアプリケーションを作成・開発するためのツール。プログラミング言語、統合開発環境（IDE）など |

　システムソフトとアプリケーションソフトについては機能の汎用性に基づいて表2.8のように4つに分類される。汎用性とは、そのソフトウェアがどれほど多様な用途や状況で利用可能であるか、あるいは特定の用途に依存しないかを意味する。

　たとえば、オペレーティングシステムのような基本ソフトは、さまざまなアプリケーションをサポートし、多様なハードウェアや環境で動作するため高い汎用性を持つと言える。一方、特定の企業の経理業務をサポートするような個別アプリケーションは、その用途が特定企業の会計業務に限られているため汎用性は低いと評価される。汎用性の高いソフトウェアの種類

は少ないのに対して汎用性の低いソフトウェアの種類は多くなる。

表 2.8 機能の汎用性に基づくソフトウェアの分類

| 分類 | 内容 |
|---|---|
| 個別アプリケーション | 特定の業務や目的のために開発されたソフトウェア。特定の企業のためにカスタマイズされた注文管理システムなどが該当する |
| 共通アプリケーション | 多くの業務で共通して使用されるソフトウェア。文書作成ソフトや表計算ソフトなどがある |
| ミドルソフト | 基本ソフトとアプリケーションソフトの中間に位置する。データベース管理システムやウェブサーバーなどがある |
| 基本ソフト（システムソフト） | コンピュータの基本的な動作をサポートする。オペレーティングシステムやデバイスドライバなどがある |

### 2.4.3 ソフトウェアビジネスの特徴

ソフトウェアは形や重さのない非物質的な商品である。このためソフトウェアビジネスは物品の売買とは異なる特徴を持つ。

ソフトウェアは製造に要する**限界費用**がほぼゼロである。限界費用とは 1 つの製品を追加製造する際に発生する費用である。物質的な商品では製造には必ず材料費や労務費が必要になるが、ソフトウェアの場合、複製の費用はほとんどかからない。ネットワークを介したダウンロードによる販売では限界費用はほぼゼロである。

また基本ソフトの市場では経路依存性が重要な役割を果たす。たとえば、ある OS が普及すると、開発者はその OS に対応したアプリケーションを開発する傾向を持つ。アプリケーションの豊富さは OS の価値を高めユーザはその OS を購入する確率が高くなる。ひとたび市場で大きなシェアを獲得した OS は、このような肯定的な連鎖のサイクルにより市場における地位を強固なものにする。このため、1 つの製品が市場を独占する「"Winner Takes All"（ひとり勝ち）」の状態を生むことがある。

さらに、成功した基本ソフトは市場に大きな影響力を持ちその周りに独自のエコシステムを築いて製品の価値を高めることができる。エコシステ

ムとは技術、サービス、ユーザ、開発者などの相互依存のネットワークである。たとえばスマートフォンの分野では、Apple の iOS や Google の Android などは、それぞれ独自の開発者、アプリストア、ユーザ、ハードウェアメーカーなどのコミュニティーを持っている。

# 第3章　コンピュータとネットワーク

インターネット、移動通信ネットワーク、モノのインターネットについて解説する。特にインターネットについては、普及の過程、インターネットサービスプロバイダ、通信プロトコル、公開標準、パケット交換等の基本的な仕組みについて説明する。また、接続されるデバイスの数とネットワークの価値についても考える。

## 3.1　IP ネットワークの拡大

自らが保有する設備を使って電気通信サービスを提供する事業者を**電気通信事業者**という。電気通信事業者は事業内容、設備などについて総務省へ登録・届出を行い**電気通信事業法**に準拠して事業を行うことが求められる。

電気通信事業者が提供する通信サービスは表 3.1 のように大きく 4 つに分けられる。

表 3.1　通信サービスの種類

| サービスの種類 | 主な内容 |
|---|---|
| IP ネットワークサービス | インターネット接続等のデータ通信サービス<br>VoIP などのインターネット電話サービス<br>VPN などの企業向け通信サービス |
| 移動通信サービス | 携帯電話やスマートフォンを使った音声通話、SMS、モバイルインターネット接続など<br>3G，4G/LTE，5G などの無線通信技術を使ったサービス |
| 固定電話サービス | 家庭やオフィスに設置された電話の音声通話サービス<br>ファックスサービスなど |
| 専用線サービス | 企業や組織が専用の帯域を確保するために利用する高品質な通信サービス<br>拠点間でのデータ転送を実現するサービス |

　各サービスには事業者によってさまざまなサービスメニューが提供されており、スマートフォンを利用する個人から、大企業向けのサービスまで広範囲のニーズに対応している。IP（Internet Protocol）は、データを送受信するためのルールを定めたインターネットの基盤となるプロトコルである。現在、さまざまなサービスが **IP ネットワーク**に統合されつつある。図 3.1 に 2004 年以降の IP ネットワークのトラフィックの伸びを示す。企業及び個人から IP ネットワークに向かう（アップロード）トラフィックは in、その逆（ダウンロード）は out でカウントされている。企業 out が 2020 年に急増しているのはコロナ禍の影響による遠隔勤務の増加やライフスタイルの変化の影響であるが、その後も安定したトラフィックの伸びが見られる。

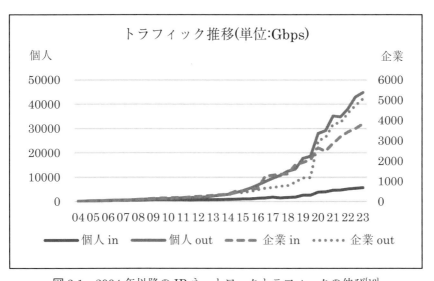

図 3.1　2004 年以降の IP ネットワークトラフィックの伸び[12]

## 3.2 インターネット

### 3.2.1 普及の過程

インターネットの起源は 1960 年代の米国国防総省のプロジェクト、ARPANET に遡る。初期段階では大学などの研究機関がインターネット技術の発展に中心的な役割を果たした。1970 年代に入ると、これらの研究機関では UNIX という OS が広く採用されるようになった。UNIX はソースコードが公開され利用者による改変が可能であったため、学術研究や教育目的の利用に適していた。さらに、1980 年代に **TCP/IP** が UNIX に実装されたことにより、TCP/IP がインターネットの通信プロトコルとして採用されるようになった。

1989 年にティム・バーナーズ・リー（Tim Berners-Lee）により**ワールドワイドウェブ**が提案され、1990 年代初頭には、それを閲覧するためのブラウザが普及したことでインターネットの使用が一気に拡大した。さらに、**インターネットサービスプロバイダ ISP**（Internet Service Provider）がダイヤルアップ接続を含む多様なサービスを提供し始め、家庭や企業がインターネットに容易にアクセスできるようになった。

### 3.2.2 インターネットサービスプロバイダ

インターネットを利用する場合、ISP が提供するサービスを利用するのが一般的である。ISP はインターネット接続に必要な IP アドレスの割り当てやアクセス手段を提供する。光ファイバーケーブルの自宅への引き込みや Wi-Fi の設定などのサービスを行う場合もある。

ISP は役割や規模に応じて Tier1（第 1 層）から Tier3（第 3 層）に分けることができる。国際 Tier1 は、世界的な規模で運営され大陸間を結ぶ海底ケーブルなど大規模な通信インフラを持つ最上位の ISP である。インターネットに接続するノード（パソコンやスマホなど）は最終的には国際 Tier1 を経由することで他のすべてのノードと通信を行うことができる。国際 Tier1 は世界で十数社ある。日本では NTT Communications が国際 Tier1 である。国内 Tier1 には NTT Communications に加え KDDI、ソフトバン

ク、インターネットイニシアティブなどがある。

Tier2 ISP は地域や国レベルで運営される大手 ISP である。その多くは自らの通信インフラを持ち、他の小規模 ISP や企業にサービスを提供する。Tier3 ISP は主に家庭や企業などエンドユーザに接続サービスを提供する小規模の ISP である。限られた通信インフラを持ち Tier1 や Tier2 とのトランジット契約を通じてインターネットへアクセスする。トランジット契約とは、ある ISP が他の ISP のトラフィックを自身のネットワークを通じて転送する合意で、料金は転送するデータ量に基づいて決められる。下位の ISP は上位の ISP とトランジット契約を結んでインターネットへの接続を行う。また、ISP 同士の接続では**インターネット交換ポイント IXP**（Internet Exchange Point）が利用される場合が多い。IXP を介することで複数の ISP と効率的にトラフィックの交換ができる。

トランジット契約はインターネットが**分散型ネットワーク**として機能するための重要な要素である。トランジット契約により、小規模 ISP は上位 ISP のネットワークを通じてデータ転送を行い、インターネットの分散型構造が支えられる。分散型ネットワークの特徴はシステムや管理統制機能が中央に集中することなく広く配置されることである。このためネットワークの一部を拡張しても全体への影響が少なく拡張が容易になる。しかし、セキュリティ対策の監視が行き届かなくなる等のデメリットもある。

商業的に同等の立場にある ISP 間、または交換するトラフィック量のバランスが取れている ISP 間ではトランジット契約に依らず**ピアリング**（Peering）を通じてトラフィックを交換する。ピアリングでは相互のネットワークを直接接続する。

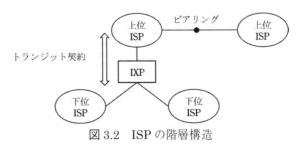

図 3.2　ISP の階層構造

### 3.2.3　通信プロトコル

　通信プロトコルを構成するルールは階層的な構造を持つ。独立性の高い
シンプルなルールを階層化することで、ルールを組み合わせて複雑なタス
クを容易に実現できる。また、ルールを変更する際に他の階層への影響を最
小限に抑えることが可能となるなどのメリットがある。インターネットで
使われる通信プロトコルは TCP/IP プロトコル、または単に TCP/IP と呼ば
れる。TCP/IP は 4 階層で構成されている。表 3.2 に TCP/IP の概要を示す。

表 3.2　TCP/IP の概要

| 階層 | 機能・役割 | プロトコル例 |
|---|---|---|
| アプリケーション層 | ユーザーと直接やり取りする。電子メールやブラウジングなど | HTTP、FTP、SMTP |
| トランスポート層 | コンピュータ間のデータ転送を管理し、エラーの修復やデータの流れを制御する | TCP、UDP |
| インターネット層 | データパケットを送受信するためのルーティングと IP アドレスの割り当てなど | IP、ARP、ICMP |
| ネットワークインタフェース層 | ハードウェアとの接点で、物理的な通信媒体（例：イーサネットケーブル、無線 LAN）を介してデータを送受信する | イーサネット、Wi-Fi |

　アプリケーション層は、TCP/IP プロトコルの最上位層であり、ユーザが
直接操作するアプリケーションに関するルールを定義している。

　トランスポート層（TCP、UDP）ではデータの送受信に関する手順やタ
イミング、および通信の信頼性を確保するルールが決められている。

　インターネット層（IP）では IP アドレスとデータパケットのルーティン
グや転送を管理するルールが決められている。IP アドレスはインターネッ
ト上のデバイスを識別する番号であり、32 ビットの IPv4 と 128 ビットの
IPv6 がある。

　ネットワークインタフェース層は、上位層からのデータを物理的な信号
に変換してネットワーク上に送出し、またその逆のプロセスを行うルール
を定義する。

　これらのルールは、通信が効率的かつ正確に行われるために必要である。
同じプロトコルを持つコンピュータ同士は通信が可能である。

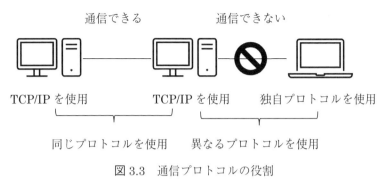

図 3.3　通信プロトコルの役割

### 3.2.4　インターネットの特徴

### (1)　公開標準の採用

　インターネットに関する技術仕様は **IETF**（Internet Engineering Task Force）によって検討されている。IETF は非営利の組織でありインターネット技術の標準化を主導する中心的な役割を果たしている。技術仕様とその検討過程はインターネット上で公開されており誰もが参照可能である。

　新しい技術や既存の技術に関する修正・拡張のアイデアがある場合、アイデアを文書にして提出する。提出された文書はオンラインのワーキンググループで議論され意見や修正提案が出される。議論を経て関係者の合意が得られるとその技術は **RFC**（Request for Comments）として公開される。Request for Comments とは直訳すると「意見を求める」という意味であるが RFC として公開された文書は事実上インターネット技術の「標準」として採用される。

　インターネットの登場以前、コンピュータはメーカー毎に独自の通信プロトコルが採用されており技術の詳細が公開されることは稀だった。このため異なるメーカーのコンピュータ間の通信は困難でありネットワークの拡大は進まなかった。1990 年代に入ってインターネットが普及すると各社は技術仕様が公開されている TCP/IP の採用を進めた。これによりメーカーの違いに関わらずコンピュータはインターネットを介して容易に通信できるようになった。

| 企業名 | 通信技術の名称 |
|--------|----------------|
| IBM | SNA |
| 富士通 | FNA |
| 日立 | HNA |
| 日本電気 | DINA |

⟺　TCP/IP
（公開標準技術）

図 3.4　企業毎に異なる通信技術と TCP/IP

## (2)　パケット交換

　**パケット交換**とはデータをパケットと呼ばれる小さな単位に分割して送信する技術を指す。各パケットには宛先の IP アドレスが含まれており、ルータと呼ばれる交換装置により最も効率的な経路を自動的に選択して転送される。同じデータのパケットでも異なる経路を取ることがある。受信側では到着したパケットを再構築して元のデータを復元する。

　パケット交換では、ネットワークの一部が混雑や障害で使用できなくなった場合でも、パケットは他の正常に機能している経路を通して目的地に到達することができる。また、回線を複数のユーザのパケットが共有するため、回線を占有する**回線交換**と比較して低料金で利用できる。

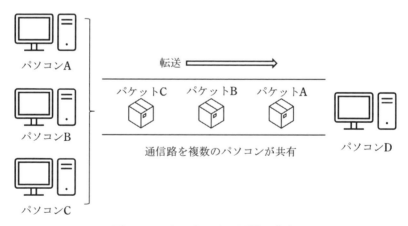

図 3.5　パケットによる回線の共有

### (3) ワールドワイドウェブ

ワールドワイドウェブ WWW（World Wide Web）はインターネット上で提供される**ハイパーテキストシステム**である。ハイパーテキストシステムとは、テキストの中に**ハイパーリンク**を埋め込み、それをクリックすることでさまざまなコンテンツへ瞬時に移動できるシステムを指す。このシステムを基盤として Google などの検索エンジンや Facebook、Instagram などのソーシャルメディア、YouTube などの動画共有サイト、その他多岐にわたるサービスが提供されている。

ワールドワイドウェブは**クライアントサーバシステム**（Client-Server System）を単位として構成されている。クライアントサーバシステムではデータベースサーバに保存されたコンテンツをクライアントが共有する。クライアントからの要求やサーバからの応答では **HTTP**（Hypertext Transfer Protocol）プロトコルが使われる。HTTP にはウェブ上のコンテンツ（ページ、画像、動画など）を一意に識別する **URL**（Uniform Resource Locator）に関するルールが規定されている。またウェブページの構造（見出し、段落、リンク、画像など）を定義するための言語として **HTML**（Hypertext Markup Language）が利用されている。

テレビやラジオは不特定多数の人々への一方通行の情報提供手段であり、電話は 1 対 1 のコミュニケーション手段である。これに対し、ワールドワイドウェブは巨大な情報共有のプラットフォームであり、多くの人々が情報を受発信することが可能である。

## 3.3　移動通信ネットワーク

日本の移動通信サービスは主に NTT ドコモ、ソフトバンク、au によって提供されている。移動通信ネットワークは**アクセスネットワーク**と**コアネットワーク**の 2 つから成り立っている。アクセスネットワークは 5G や LTE（4G）などの無線技術を用いて**基地局**と移動通信機器を接続するネットワークである。また、コアネットワークは基地局とインターネットなどの外部ネットワークを接続するネットワークである。

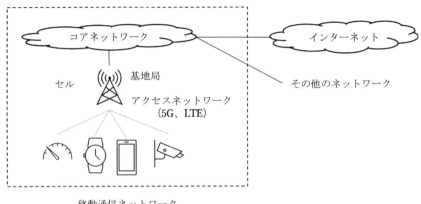

図 3.6　移動通信ネットワーク

　移動通信ネットワークではスマートフォン、**ウェアラブル端末**、自動運転車などの移動体が **5G** や **LTE** などのアクセスネットワークで接続される。また、移動体だけではなく屋外の監視カメラやスマートメーター（電力、ガス、水道）、地震や洪水を検知するセンサなどの固定設置機器も接続される。移動通信ネットワークによりインターネットにアクセス可能なエリアが拡大し、さまざまな新しいサービスが登場するようになった。固定設置型の機器についても無線通信を利用することで広域での利用が拡大している。

　**5G** は**第 5 世代移動通信システム**を意味し LTE（4G）の後継技術として開発され 4G と比較し 20 倍程度の通信速度を持つ。また、遠隔医療や自動運転車に不可欠な低遅延通信や多数のデバイスの同時接続も可能である。

　5G、LTE などの無線技術は移動体と基地局との通信に使用される。基地局は、移動通信ネットワークにおいて移動体とデータや音声の通信を行う設備である。基地局がカバーする範囲を**セル**という。都市部では数百メートル程度の範囲となるが、電波を遮る建物が少ない田舎では数キロメートルの範囲をカバーすることもある。移動通信ネットワークはこれらの多数のセルによって構築され広い地域をカバーしている。

## 3.4 モノのインターネット

　モノのインターネット **IoT**（Internet of Things）とは、パソコンやスマホのような情報端末だけではなく、さまざまなモノがインターネットに接続されること、あるいはインターネットに接続されるモノを意味する。

　代表的な例としてセンサがある。人間の五感が感知する情報の多くはセンサを使って収集可能である。センサを利用することで、情報をコンピュータが処理可能なデジタルデータとして収集することができる。また、二酸化炭素や放射能、花粉のような微粒子など人間の五感では感知が難しい情報もセンサを利用することで収集可能である。

　身につけて利用できる IoT 機器はウェアラブル端末と呼ばれ、腕時計型のスマートウォッチやメガネ型のスマートグラス等の製品がある。スマートウォッチでは利用者の心拍数を取得できる。また、スマートグラスでは眼球の動きや体の動きをデータとして収集し、これをもとに利用者の集中力の測定などの目的で利用されている。

　IoT 機器で収集されたデータは無線通信を介してインターネット上のサーバに蓄積される。無線通信は技術によって周波数帯、伝送距離、伝送速度、消費電力量などが異なり用途や利用環境に応じて使い分けられる。たとえば RFID は数 cm〜数十 m の比較的短い距離の通信に利用される。通信距離が 100 m 以内の通信では Wi-Fi や Zigbee、Bluetooth などの技術が適している。一方、広域に分散した機器のデータを収集するためには消費電力が少なく 100 m 以上の通信が可能な LPWA が使われる。

　**Wi-Fi** は無線 LAN に使われる技術であり、これを利用することでパソコンなどの情報機器を無線でインターネットに接続できる。通信速度が速いため動画や写真の視聴やアップロードができる。無料の Wi-Fi サービスを提供する事業者や公共機関によるサービスも普及しており、自宅やオフィスのみでなくさまざまな場所でインターネットを利用した情報発信が可能になっている。

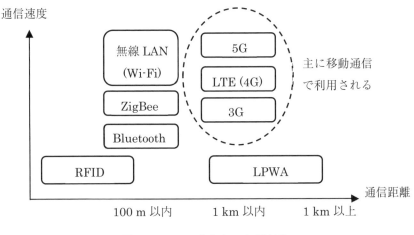

図 3.7 IoT で使われる無線技術

## 3.5 ネットワーク通信の価値

インターネットに接続される機器の数は急速に増加し 2016 年の 173 億個から 2023 年には 340.9 億個にまで増加している。アメリカの電気工学者ロバート・メトカーフ（Robert Metcalfe）は 1980 年にネットワークの価値についてメトカーフの法則（Metcalf's law）として知られる以下のような定式化を行った。

「ネットワーク通信の価値は、接続されている相互に通信可能なデバイス数の 2 乗（$n^2$）に比例する」。

たとえば、電話サービスの価値は、加入者数が増えるにつれて高まる。加入者が 1 人だけの場合には利用価値はないが、加入者が増えるにしたがって通話可能な組み合わせが急激に増加する。これは電話ネットワークの価値が上昇したことを意味する。

同様のことが通信ネットワークについてもいえる。かつてメーカーごとに通信プロトコルが異なっていたため、異なるメーカーのコンピュータ間の通信は困難であった。しかし、大学の研究機関による情報共有を目的として発達したインターネットでは TCP/IP という中立性の高い公開された技

術を採用しているためインターネットにつながるデバイスの数は急速に増大し、インターネットは益々利用価値の高いネットワークへと成長している。

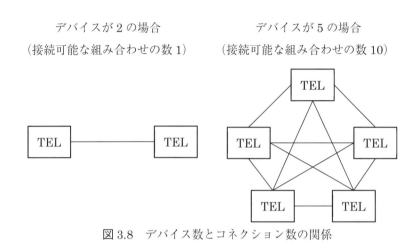

図 3.8 デバイス数とコネクション数の関係

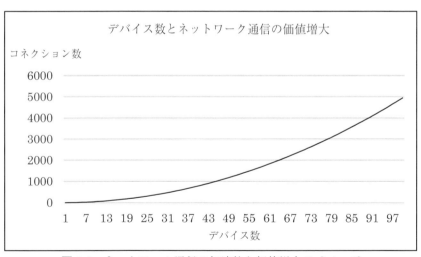

図 3.9 ネットワーク通信の加速的な価値増大のイメージ

# 第4章　人工知能の概要

　人工知能の発展過程と今日の人工知能ブームをもたらした機械学習の特徴、種類、応用について説明する。特に、深層学習については、パーセプトロンやニューラルネットワークに関する説明を通して基本的な仕組みと経営における活用について解説する。

## 4.1　人工知能

　人工知能 **AI**（Artificial Intelligence）は一般的に「学習・推論・判断といった人間の知能が持つ機能を備えたコンピュータシステム」[14]と定義される。この定義に従い人工知能は**特化型人工知能**と**汎用型人工知能**に大別できる。特化型人工知能は特定のタスクの実行を目的として設計され、画像認識、翻訳、ゲームなどの分野ですでに実用化が進んでいる。一方、汎用型人工知能は人間のような全般的な知的能力を持ち、学習した内容を駆使して、さまざまなタスクや問題を解決できる人工知能である。

　汎用型人工知能の実現に向けた代表的な課題は**フレーム問題**の解決である。これは、人工知能が多様な状況やタスクにおいて、目的に照らしてどの情報が大事で、どの情報は無視できるかを判断する問題である。汎用型人工知能の実現には無限に広がる現実世界から情報を取捨選択して判断する技術が求められている。

## 4.2　人工知能の発展過程

　人工知能という言葉が初めて使用されたのは 1956 年に米国で開催されたダートマス会議とされる。この会議には「考える、行動するプログラム」というテーマのもと当時の計算機科学の先駆者たちが集結した。会議の成果はその後の人工知能の発展方向に大きな影響を与えた。

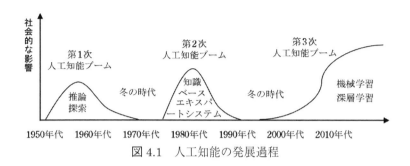

図 4.1　人工知能の発展過程

## ＜第 1 次人工知能ブーム＞

　1950 年代から 1970 年代は「推論・探索の時代」と呼ばれる。コンピュータを使って推論や探索を行うことで簡単な問題について回答を導き出す試みが行われた。当時扱われた問題として、基本的な数学の定理の証明や初級レベルのチェスなどがあった。しかし、これらの課題は現実の問題と比較して極めて単純であったため、この時代の人工知能は「トイ・プロブレム」（簡単な問題）しか解けないと揶揄され次第にブームは下火になった。

## ＜第 2 次人工知能ブーム＞

　1980 年代から 1990 年代は「知識の時代」と呼ばれる。特定の分野の専門家のように判断や推論を行える**エキスパートシステム**が開発された。エキスパートシステムとは専門家が持つ知識や問題解決能力をプログラム化したものである。この時期に開発されたエキスパートシステムとして血液疾患を持つ疑いのある患者を診断する MYCIN がある。MYCIN は質問に対する回答を与えることで正しい病名を高い確度で予測することができた。

　エキスパートシステムは多くの分野で応用が試みられたが課題も明らかになった。たとえば、専門家の知識は時代や状況によって進歩するため、常にシステムを最新の状態に保つ作業が必要であった。また、専門家が持つ直感や経験をプログラム化することは難しく、エキスパートシステムの限界が明らかになりブームは徐々に下火になった。

## ＜第 3 次人工知能ブーム＞

　2000 年代から「機械学習の時代」を迎えた。インターネットや携帯端末の普及、センサ技術の進歩によりインターネット上に大量かつ多様なデータが蓄積されるようになった。同時に、人工知能の学習で使われる大量の並列処理を効率的に行う **GPU**（Graphics Processing Unit）とコンピューティング技術の進歩によってデータ処理能力が飛躍的に向上した。このような環境変化を背景に大量のデータを用いて人間の学習に相当する仕組みをコンピュータで実現する**機械学習**の研究が加速した。

　機械学習は統計分析や推論のプロセスをコンピュータで自動化する技術である。この機械学習の手法の 1 つに**深層学習**がある。深層学習は人間の脳の働きをヒントに、多層のニューラルネットワークを用いることで、従来困難であった画像認識、音声認識、自然言語処理といった分野で技術革新を達成した。この結果、人工知能を社会のさまざまな面で活用する道が開かれ今日に至るブームへつながった。

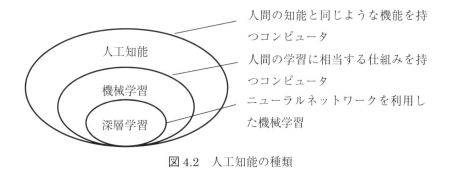

図 4.2　人工知能の種類

## 4.3 機械学習

### 4.3.1 機械学習の利用分野

機械学習を利用した人工知能はさまざまな分野で利用されている。以下に主な利用分野を示す。

**(1) 分類（Classification）**

入力データをその特徴やパターンに基づいて、あらかじめ決められたカテゴリに割り当てるタスクである。例として、メールを「スパム」と「非スパム」に分類する、動物の画像を「犬」、「猫」、「鳥」のいずれかに分類するなどがある。

**(2) 予測（Prediction）**

過去のデータや現在の情報に基づき、未来の出来事や値を推定するタスクである。主に時系列データやトレンドに従ったデータに対して適用され株価の予測や天気予報などで利用されている。

**(3) 生成（Generation）**

新しいデータや情報を作り出すタスクである。テキスト、画像、音声など、多岐にわたるデータ形式が対象となる。文章や特定のスタイルの画像を生成するといった例がある。チャット **AI** など会話系の **AI** もこの分野に含まれる。ユーザから入力された質問や口頭での問いに対して、適切な応答を即時に生成し回答する。

**(4) 最適化（Optimization）**

一定の制約条件のもとで、コストの最小化や利益の最大化のための最良の解を見つけるタスクである。たとえば、物流ルートの最適化や製造工程での資材の割り当てなどのタスクがある。さらに、囲碁や将棋のようなゲームにおいて、与えられた局面での最適な手を探索・選択するプロセスもこのタスクの一部である。

**(5) 自動化（Automation）**

人の介入を最小限にしつつ特定の作業やプロセスを行うタスクである。製造ラインでのロボットによる組み立てや定型的な業務の自動処理などがある。

## (6) 推論（Reasoning）

　既存の情報や知識を基に新しい情報や結論を導き出すタスクである。論理的な思考や問題解決能力の機械化であり、一連の事実やデータをもとに結論を導き出す能力を持つ。たとえば、裁判の判例や医学的な知識をもとに特定のケースに対して適切な結論を導くことなどが含まれる。

### 4.3.2　機械学習の種類

　機械学習は学習の種類によって以下の 4 つに分けることができる。

## (1) 教師あり学習

　入力データとそれに対応する正解データを使って学習させる。主に分類や予測で利用される。分類であれば分類名、予測であれば数値といった正解データを学習データとセットにして人工知能に学習させる。正解データを**正解ラベル**、または単にラベルと呼び、人工知能は処理結果とラベルとの差が小さくなるように学習を行う。データにラベルを付けることを**アノテーション**と呼ぶ。通常、アノテーションは人手で行われる。教師あり学習のゴールは未知のデータに対して正しい回答を返すことである。

## (2) 教師なし学習

　教師なし学習は、主にカテゴリ分けされていないデータからパターンや関係性を発見するために利用される。具体的な用途として、データをグループに分けるクラスタリング、不要な情報を取り除きデータを簡潔にする次元削減、異常なデータの検出などがある。

　教師なし学習を適用する前に、データは通常、特徴抽出と呼ばれるプロセスを経る。このプロセスで、人間がデータから有意な情報を選び出し、コンピュータが理解できる形式に変換する。たとえば、画像データの場合、ピクセルの色や形、配置が特徴として抽出される。テキストデータでは、どの単語がどれだけ頻繁に現れるか、または文中のどの位置に現れるかが特徴として利用される。これらの特徴が機械学習モデルで分析され、データの背後にある隠れた構造を明らかにするために使われる。

## (3) 強化学習

囲碁などのゲーム、自動運転車、ロボットの制御等においては、すべての局面を事前に把握することが困難で、次に行うべき絶対的な正解を知ることはできない。このような課題に対し、人工知能は選択した行動に対して得られる報酬を基に試行錯誤を通じて学習を進める。

行動を選択するものを**エージェント**、状態や報酬を計算するシミュレータを**環境**と呼ぶ。エージェントは行動を選択し環境に反映させる。環境は報酬を計算してエージェントに返す。環境は状態が良くなるほど高い報酬を与える。エージェントである人工知能は行動選択を繰り返して最終的に報酬が最大になる選択方法を学習する。

AlphaGo は無数の自己対局を通して、最適な一手を見つけ出すための学習を行った。報酬の基準として対局の勝敗が用いられた。過去の対局データも利用し、報酬が最大になる選択を行う能力を獲得し世界トップクラスのプロ棋士に勝つほどの能力を持つに至った。また、自動運転車では人工知能はまずシミュレーション環境で学習を行う。この際、安全な運転や効率的なルート選択をした場合には報酬を、間違えたらペナルティを受けることで学習を進める。

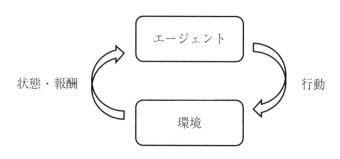

図 4.3 強化学習の流れ

## (4) 半教師あり学習

少量のラベル付きデータと大量のラベルなしデータを組み合わせて学習を行う。正解ラベルの作成は人手を要するため費用と時間がかかり、十分な

量が揃わない場合がある。そのような場合、**半教師あり学習**によりラベルがないデータを有効活用することができる。

　最初にラベル付きデータでモデルを訓練し、訓練されたモデルを使ってラベルがない大量のデータに仮のラベルを付ける。次に、この仮のラベル付きデータと他のラベル付きデータを合わせて再度教師あり学習を行う。

### 4.3.3　統計学と機械学習

　統計学は大きく記述統計と推測統計に分けられる。記述統計では、商品の売り上げの平均値や中央値、学生の成績の標準偏差といったデータの基本的な特性を理解するための情報が得られる。これに対し推測統計では、サンプルデータから全体の平均を推定する、あるいは、ある事象が偶然なのか、本当に意味のあるものなのか評価するなどの目的で利用される。このような統計処理を支援するソフトウェアとして SPSS、SAS、R などがある。統計学の主な役割は、データの背後にある特性や関係を探求し人間によるデータ解釈を支援することである。

　これに対して、機械学習の特徴は、大量のデータを使って統計処理の過程をコンピュータで行い確度の高い予測や判断を行うことである。機械学習ではさまざまなモデルやソフトウェアがインターネット上のライブラリに用意されており、これらをダウンロードして利用することができる。

表 4.1　統計学と機械学習の比較

| 項目 | 統計学 | 機械学習 |
|---|---|---|
| 目的 | データ解析、実験結果の統計的解釈 | 分類、予測、認識、生成、最適化など |
| 主な手法 | t 検定、分散分析、相関分析、線形回帰など | ニューラルネットワーク、サポートベクターマシン、k-means 法など |
| ソフトウエアの種類 | SPSS、SAS、R など | scikit-learn、TensorFlow、PyTorch など |
| 出力 | 統計的指標（平均、分散、p 値など） | 学習済みのモデル 予測値、分類結果など |
| データ | 小〜中規模のデータセット（調査、アンケート結果等） | 大規模なデータセット（ビッグデータを含む） |

### 4.3.4　機械学習のモデル

　深層学習は機械学習の 1 つであり、その中核を成す技術が**ディープニューラルネットワーク DNN**（Deep Neural Network）である。DNN には**畳み込みニューラルネットワーク CNN**（Convolutional Neural Network）や**再帰ニューラルネットワーク RNN**（Recurrent Neural Network）などのアーキテクチャがある。CNN は画像中の線や形を階層的に抽出する構造を持ち、画像分類や物体認識などのタスクに使われる。RNN は情報を保持する構造を持ち、時系列データやデータの発生順序が意味を持つ音声認識、自然言語処理などのタスクに利用される。

　一方、深層学習とは異なる伝統的な機械学習では、特定のタスクに特化した数学的モデルが用いられる。たとえば、分類や回帰のためのサポートベクターマシン、クラスタリングのための k-means 法、予測タスクのための回帰モデルなどが使われる。

表 4.2　機械学習のモデルの例

| 分類 | モデル | 主な利用タスク |
|---|---|---|
| 深層学習 | 畳み込みニューラルネットワーク（CNN） | 画像の分類、物体検出、数値予測（回帰） |
| | 再帰ニューラルネットワーク（RNN） | 時系列データ、音声認識、自然言語処理 |
| 伝統的機械学習 | サポートベクターマシン（SVM） | 分類、回帰 |
| | k-means 法 | クラスタリング |
| | 回帰モデル | 予測 |

### 4.3.5　ライブラリと機械学習の手順

#### (1)　ライブラリ

　ライブラリは特定の機能やモデルを実装したソフトウェアの集合である。開発者はライブラリに用意されたソフトウェアを使って効率的に人工知能を開発できる。また、アプリケーションの基本的な骨組みや構造をフレームワークといい、機械学習で使われるライブラリやフレームワークには、scikit-learn、TensorFlow、PyTorch などがある。多くのソフトウェアは無料で利用可能である。

## (2)　機械学習の手順

　機械学習は以下の手順で進められる。


手順 1 ：問題の定義

　目的を明確にしてタスク（例：分類、予測、識別）を決定する。

手順 2 ：データの収集

　適切なデータソースから学習用のデータを収集する。

手順 3 ：インストール

　必要なライブラリやフレームワークをダウンロードしインストールする。

手順 4 ：データの前処理

　データを機械学習に適した形に整える。たとえば、欠損値がある場合、平均値、中央値、最頻値等で埋める、あるいは欠損値を含む行や列を削除する。データのスケールが異なる場合、スケーリングを行い各データのレンジを揃える。また、データの中で他の値と大きく異なる外れ値がある場合、削除または修正する。画像や音声の認識を学習する場合もモデルが処理可能なデータ形式に変換する必要がある。

手順 5 ：モデルの選択と訓練

　目的に合ったモデルを選び学習データを使って訓練する。

手順 6 ：評価

　学習データとは別に用意したテストデータを使ってモデルの性能や信頼度を確認する。

手順 7 ：モデルのチューニング

　パラメータの調整を行いモデルの信頼度を向上させる。

手順 8 ：実装

　学習済のモデルを実際の問題解決の場面で利用する。

## 4.4 深層学習

### 4.4.1 パーセプトロン

　深層学習の基本的なアイデアは脳の神経細胞の働きと類似している。神経細胞は主に細胞体、樹状突起、軸索の3つから成り立っている。樹状突起は入力部であり、他の神経細胞からの信号を受け取る。細胞体は処理部であり入力された信号を処理する。軸索は細胞体の処理結果を次の神経細胞へ伝える出力部である。軸索の終端部はシナプスと呼ばれ、ここから神経伝達物質と呼ばれる化学物質が放出されて隣接する細胞の樹状突起へと信号が伝わる。

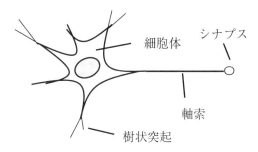

図 4.4　脳の神経細胞

　この神経細胞の数学的モデルを**パーセプトロン**と呼ぶ。神経細胞の働きをパーセプトロンは以下のように模倣する。

　まず、入力値（$x_1, x_2, x_3$）と、それに対応する重み（$w_1, w_2, w_3$）の積を合計し、その結果がある閾値 $\theta$ を超えているか否かを判定する。

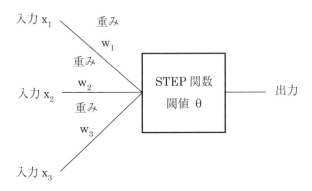

図 4.5　パーセプトロン

　入力値とそれに対応する重みの積の合計値が閾値 θ 以上であれば 1、閾値 θ よりも小さければ 0 を出力する。このように閾値に基づいて出力を決定する関数を**活性化関数**と呼びパーセプトロンではステップ関数が使われる。ステップ関数は以下の式で表わされる。

$$x = \Sigma\ w_i x_i - \theta \tag{4.1}$$

$$u(x) = \begin{cases} 0\ (x < 0) \\ 1\ (x \geqq 0) \end{cases} \tag{4.2}$$

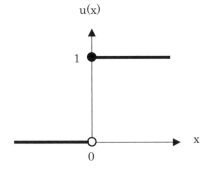

図 4.6　ステップ関数 y = u（x）

　式（4.1）、（4.2）に具体的な数値を当てはめ、表 4.3 に出力値が 1 となる場合の例を示す。パーセプトロンにおいて出力が 1（アクティブな状態、または「オン」ともいう）になることを「発火」と表現する。

表 4.3 パーセプトロンの処理例

| 樹状突起 | | 細胞体 | | | | 軸索 |
|---|---|---|---|---|---|---|
| 入力 | 入力値 | 重み | 値 | $\Sigma x_i w_i$ | 閾値 $\theta$ | 出力値 |
| $x_1$ | 1 | $w_1$ | 2 | | | |
| $x_2$ | 0 | $w_2$ | 1 | 5 | 4 | 1 |
| $x_3$ | 1 | $w_3$ | 3 | | | |

　パーセプトロンでは、閾値 $\theta$ や重み（$w_1, w_2, w_3$）を使って、入力（$x_1, x_2, x_3$）が出力に及ぼす影響を制御することができる。このことはパーセプトロンを使って学習が可能であることを意味する。しかし単一のパーセプトロンで解決可能な問題は極めて単純なものに限られる。

### 4.4.2　ニューロン

　深層学習は、ニューロン（またはノードも呼ばれる）を多層に重ねたニューラルネットワークを用いた機械学習であり、単一のパーセプトロンでは処理できない複雑な問題を解決することができる。

　ニューロンでは活性化関数としてステップ関数の代わりに **ReLU 関数**

$$f(x) = \max(0, x) \tag{4.3}$$

やシグモイド関数

$$\sigma(x) = 1/(1 + e^{-x}) \tag{4.4}$$

などの関数が利用される。

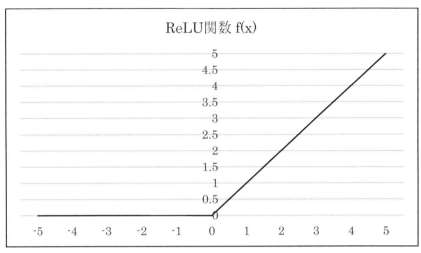

図 4.7 ReLU 関数

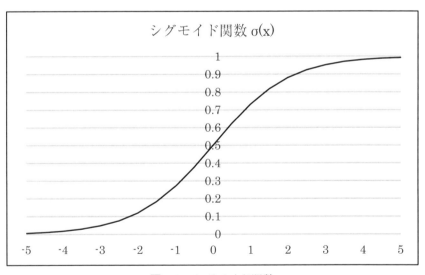

図 4.8 シグモイド関数

　ニューラルネットワークの教師あり学習では、正解との誤差を最小化する方向に探索的に深層学習を進める。この際、誤差の変化率（勾配）をもとに重みやバイアスの調整を行う。変化率の算出には微分が使われるが、パーセプトロンで使われるステップ関数の場合、ほとんどの場所で微分値が 0 となるため誤差の変化率に基づく学習は難しい。その点、ReLU 関数やシグモイド関数では 0 以外の微分値を取りうるため変化率を基にした学習が進めやすくなる。また、ReLU 関数は正の入力値はそのまま出力し、その値は、たとえば、売上高などの予測値として解釈される。シグモイド関数の出力値は 0 から 1 の間であり、出力値はしばしば予測における確率として解釈される。

　ReLU 関数とシグモイド関数のどちらを使用する場合でも、バイアス値が入力の合計に加えられ、ニューロンの活性化のしやすさに影響を与える。重みと同様、バイアスも学習過程を通じて最適化され各ニューロンに個別のバイアス値が設定される。ニューロンが出力する値は activation を活性化関数、$x_i$ を入力値、$w_i$ を各入力に対する重み、b をバイアスとして以下の式で表される。

$$\text{activation} = f\left(\Sigma w_i x_i + b\right) \tag{4.5}$$

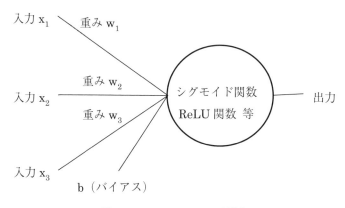

図 4.9　ニューロンのモデル

### 4.4.3 ディープニューラルネットワーク

ニューラルネットワークは入力層、中間層（隠れ層）、出力層で構成される。中間層が 2 層以上のニューラルネットワークを**ディープニューラルネットワーク**（DNN：Deep Neural Network）という。深層学習においては DNN が使用される。

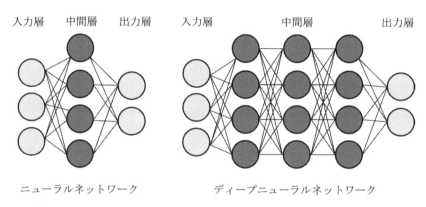

図 4.10 ニューラルネットワークとディープニューラルネットワーク

中間層が深くなれば学習データをもとにした性能は向上するが、逆に未知のデータに対する精度が低下する場合があり、この問題は**過学習**と呼ばれる。過学習とはモデルが学習データに過度に適応し新しいデータには対応できないことである。DNN における適切なネットワークの深さはタスクやデータの特性によって決定される。ちなみに、2015 年 ILSVRC の画像認識コンテストにおいて人間を超える能力を示した ResNet-152 は 152 の中間層で構成されていた。

### 4.4.4 深層学習によるブレークスルー

回帰分析ではパラメータ（$a_1, a_2..., c$）を調整することで予測精度を高める。以下に回帰式の例を示す。

$$y = a_1x_1 + a_2x_2 + a_3x_3 + \cdot \cdot + c \tag{4.6}$$

$x_1$、$x_2$、$x_3$ などの変数（独立変数）は**特徴量**と呼ばれる。

　伝統的な機械学習では、何を特徴量とするかは多くの場合、事前に決められており、その条件のもとで機械学習が行われ最適なパラメータが決定される。これに対し、深層学習ではニューロンの重み（$w_1$、$w_2$、$w_3$など）とバイアス b は、学習過程を通じて自動的に最適化される。

　画像認識、自然言語処理、音声認識のようなタスクでは、非常に多くの細かい特徴量を考慮しなければならない。たとえば、画像認識においては、さまざまな「物の感じ」や「光と影の加減」、「形状」が混在しており、これらの情報を 1 つ 1 つ正確に捉え、その相互関係を理解することが必要である。自然言語処理では、言葉の意味、文法、文脈といった情報を解析し、それぞれの単語やフレーズの関係性を理解しなければならない。さらに、音声認識においても、1 つの言葉や音が持つピッチ、トーン、速度、アクセントなどの要素は非常に多岐に渡る。同じ言葉でも話者や背景音、感情の違いで音声の特徴が変わることも多い。これらの複雑なデータ構造やパターンを正確に捉えることで、はじめて音声の正確な認識が可能になる。深層学習以前の機械学習では、特徴量の選択は人に依存しているため、人間の認識や解釈の限界が技術の限界を定めることになる。しかし、深層学習では人為的なフィルタを減らし機械が特徴量の扱いを最適化する。なお、膨大な数のニューロンの重みとバイアスの値を最適化するためには大量の学習データ、すなわちビックデータが必要になる。

### 4.4.5　データ駆動の意思決定

　経営の意思決定では、市場の動向、顧客の行動、競合他社の活動、経済の状況、技術の進歩など、さまざまな要因を考慮する必要がある。これらの要因は単独ではなく、相互に影響を及ぼしあう場合が多い。深層学習を利用することで、これら複雑な要因の影響度や関連性を、経験や直感に頼ることなく分析することが可能になる。

　深層学習を利用したモデルは、分類や予測などの特定のタスクに合わせて大量の学習データを基にして自動的に最適化される。また、新たに得られるデータに対しても柔軟に適応し、迅速に結果を提供する。

　これらの人口知能の能力を最大限活用し、客観的かつ効率的な意思決定

を実現することを**データ駆動の意思決定**という。モデルの構築や結果の解釈において、人間が果たす役割は引き続き重要であるが、深層学習により、データに基づくより客観的な意思決定が可能になる。

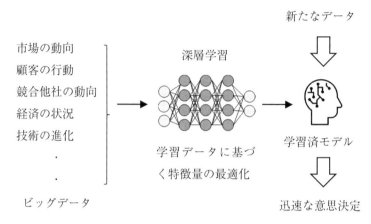

図 4.11 データ駆動の意思決定

## 4.5 人工知能の活用

### 4.5.1 分類と経営における活用

**分類**とはデータをあらかじめ決められた特定のグループに割り当てることを意味する。たとえば、果物をリンゴとバナナのグループに分ける場合、「色」や「形」を基準にすれば正確に分類することができる。しかし、対象が複雑な場合、何を基準として分類を行えば良いかが明らかでないことがある。このような場合に深層学習が役立つ。

SNS の投稿内容から投稿者の気分や感情を「ポジティブ (肯定的)」「ネガティブ (否定的)」に分けるタスクを考える。SNS の投稿には文字情報だけでなく、絵文字や画像、ハッシュタグなど、さまざまな要素が含まれており、これらの情報も投稿者の感情の判定に影響を与える可能性がある。そこで、専門家が 1 つ 1 つの投稿にラベル付ける。たとえば、「楽しい日だった！」という内容の投稿には「ポジティブ」、「つらい思いをした」という投

稿には「ネガティブ」というラベルを付ける。このようにして集めたラベル
付きの大量のデータを用いて深層学習を行うことで、モデルは複雑な内容
を持つ投稿内容から投稿者の感情を分類する能力を獲得する。

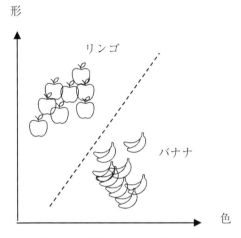

図 4.12　特徴量を人が決定可能

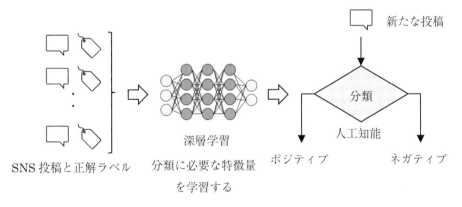

図 4.13　特徴量は深層学習が決定

　分類は経営のさまざまな領域で利用される。マーケティングでは、顧客を
異なるセグメントに分類し、各セグメントに合わせたマーケティング戦略
の策定が可能になる。たとえば、特定の製品に関心を示す顧客グループを対

象にしたプロモーションやロイヤリティの高い顧客に特別なオファーを提供するなどが考えられる。また、金融機関では取引履歴に基づき不正行為を早期に発見し、発生を防止するなどの利用が考えられる。

### 4.5.2　回帰分析と経営における活用

**回帰分析**は、ある変数（**従属変数**）が他の変数（**独立変数**）にどのように影響されるかを明らかにする方法である。主に、新しいデータに対して従属変数の値を予測するタスクに利用される。独立変数が 1 つの場合を**単回帰**、複数の場合を**重回帰**という。また、関係性が直線で表現される場合は**線形回帰**、そうでない場合は**非線形回帰**という。

単回帰は、以下の式で表される。

$$y = a_0 + a_1 x + \epsilon \tag{4.7}$$

  $y$ は従属変数

  $x$ は独立変数

  $a_0$ は切片（パラメータ）

  $a_1$ は傾き（$x$ の効果を示すパラメータ）

  $\epsilon$ は誤差項

$a_0, a_1$ などの係数をパラメータと呼び、機械学習により予測が実際のデータに適合するように最適化される。独立変数（特徴量）の数が多い場合、及び非線形の関係性を扱う場合、深層学習による分析が有効になる。

図 4.14 と図 4.15 はデータセット[15]をもとに作成された米国ボストン市の住宅平均価格と部屋数の関係である。図 4.14 は単純な線形回帰である。一方、図 4.15 は深層学習による非線形回帰の結果であり、全体的にデータに良くフィットしている。特に部屋数が少ない場合の予測精度が改善していることがわかる。

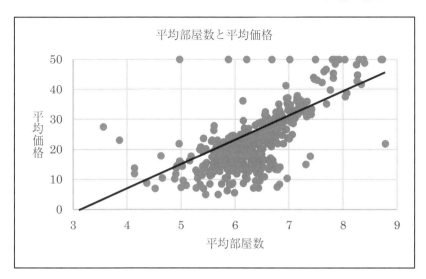

図 4.14　単純な線形回帰

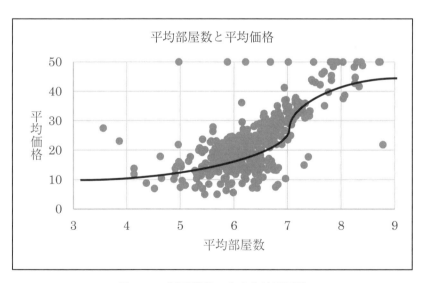

図 4.15　深層学習による非線形回帰

　回帰分析は予測や変数間の関係を理解するために広く活用されている。たとえば、過去の売上データ、季節的トレンド、マーケティング活動、経済状況などを独立変数とする回帰モデルを通して売上を予測することができる。売上予測は、在庫管理や資源計画、マーケティング戦略の策定など、さまざまなビジネス領域に活用可能である。

### 4.5.3　クラスタリングと経営における活用

　分類は人間が定義したカテゴリにデータを割り当てることを目的とするが、**クラスタリング**は、対象となるデータ群から何らかの類似性に基づいていくつかのクラスタ（グループ）を生成する手法である。生成された各クラスタが持つ特徴については人による解釈が必要になる。クラスタリングの結果の解釈を通して有益なグループ分けを発見できる可能性がある。

表 4.4　分類とクラスタリングの比較

| 特徴 | 分類 | クラスタリング |
|---|---|---|
| 学習の種類 | 教師あり学習 | 教師なし学習 |
| 目的 | データを既知のカテゴリに振り分ける | データを何らかの類似性によりいくつかのクラスタ（グループ）に分ける |
| 応用例 | メールのスパム分類、病気の診断 | 顧客セグメントの識別、遺伝子のパターン分析 |

　クラスタリングには**階層型クラスタリング**と**非階層型クラスタリング**がある。階層型クラスタリングでは、特徴が似ているクラスタ同士を 1 つずつ結合させる処理を繰り返す。データ間の距離計算を繰り返し行う必要があるため、大量のデータを扱う場合、計算負荷が大きくなる傾向がある。これに対し、非階層クラスタリングでは、初めにクラスタ数を設定することでk-means 法等の効率的な計算アルゴリズムが利用できる。

　階層型クラスタリングの手順を示す。

＜階層型クラスタリングの手順＞
① 　データ間の距離を計算する。
② 　最も近い 2 つの データ（またはクラスタ）を結合し、新たなクラスタを作る。
③ 　データとクラスタ、及びクラスタ同士の距離を計算する。
④ 　目的に応じて決められたクラスタ数になるまで②と③を繰り返す。

　クラスタを階層で表したものを**デンドログラム**と呼ぶ。デンドログラムの縦軸は距離を表しており閾値を決めることでクラスタ数を決定できる。

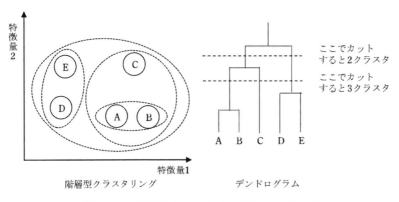

図 4.16　階層型クラスタリングとデンドログラム

　マーケティングにクラスタリングを活用することにより、新たな顧客セグメントの発見が可能となる。たとえば、顧客グループのクラスタを生成し、各クラスタ内の顧客が価値を置く要素や、影響を受けやすい要因を特定するヒントが得られる。この情報を基にして、顧客の特徴に合致したマーケティング戦略を策定することができる。

# 第5章　情報技術の進歩と業界の変化

　かつて IT 業界は限られた数のメーカーが市場を支配していたが、技術の進歩とともに、多くの企業が製品やサービスを提供するダイナミックな業界へと変貌を遂げた。この変化は、大型メインフレームから小型のコンピュータやパソコンへ移行するダウンサイジング、IBM パソコンの業界標準化、インターネットの普及等によって加速した。技術の進歩と IT 業界の変化について説明する。

## 5.1　メインフレームコンピュータ

### 5.1.1　日本のコンピュータ産業

　1964 年に IBM は System360 シリーズを発表した。System360 という名称は「360 度どの方向にも対応可能」という意味が込められており、System360 はさまざまな規模やニーズに合わせて柔軟に応用できる汎用性を持っていた。また、素子としてトランジスタを採用し以前のコンピュータと比較し、性能、信頼性ともに大幅に向上していた。このような高性能の汎用コンピュータは**メインフレームコンピュータ**と呼ばれた。

　System360 シリーズでは、性能やサイズが異なるさまざまなモデルが提供された。従来、ハードウェアを変更する際にはソフトウェアの大幅な書き換えが必要であった。しかし同シリーズのモデルは互換性を持ち、ハードウェアを上位モデルに変更しても、それまで利用していたソフトウェアを利用することができた。このため、System360 シリーズは大きな商業的成功をおさめた。

　IBM の成功を受け、日本でも米国企業との技術提携を通してコンピュータの開発が進んだ。1970 年代に入ると通産省（現 経済産業省）は日本のコンピュータ産業の競争力強化のためコンピュータの開発に多額の補助金を

与えた。この政策の一環として、重複開発を排除し効果的な技術開発を促進するため、日本のコンピュータメーカーは 6 企業、3 グループ、これと IBM の日本法人である日本 IBM に集約された。

表 5.1 1970 年代のコンピュータメーカーの再編

| 会社名 | 製品名 | 提携相手 |
|---|---|---|
| 日立・富士通 | M シリーズ | IBM 互換機 |
| 東芝・日本電気 | ACOS シリーズ | Honeywell と提携 |
| 沖電気・三菱電機 | COSMO シリーズ | Sperry Rand と提携 |

### 5.1.2 トランザクション処理

1960 年代から 70 年代のメインフレームに対する主な需要は大量の**トランザクション処理**であった。トランザクション処理とは金融機関の預貯金や交通機関の座席予約などで行われる一連の手続きである。たとえば、預金では、残高の確認、預金額の加算、残高の更新などの手続きが行われる。座席予約では、指定された日の空席情報の確認や予約の設定などの手続きがある。これらの手続きをコンピュータで矛盾なく処理するためには **ACID**（Atomicity、Consistency、Isolation、Durability：原子性、一貫性、独立性、永続性）が満たされなければならない。

表 5.2 トランザクション処理で保証されるべき条件（ACID）

| 条件 | 内容 |
|---|---|
| A（原子性） | あるトランザクションの処理について、完全に成功するか、または一切実行されないかのいずれかであること |
| C（一貫性） | トランザクションが実行される前のデータベースの状態に戻るか、または新しい正しい状態になることが保証されること |
| I（独立性） | 複数のトランザクションが同時に実行されても、各トランザクションは互いに影響を与えずに独立して実行されること |
| D（永続性） | システムの故障や障害が発生しても、トランザクションの処理結果が失われないこと |

　図 5.1 に示すように、1 つの口座に対して 2 つのトランザクションがほぼ同時に発生した場合を考える。トランザクション A（50 円の預金処理）とトランザクション B（70 円の引き落とし処理）がそれぞれデータベースから残高を取得する（①と②の処理）。次にトランザクション A は取得した残高 100 円に 50 円加算してデータを更新する（③の処理）。しばらくしてトランザクション B は既に取得済の残高 100 円から 70 円減算し新しい残高 30 円でデータを更新する（④の処理）。結果的にトランザクション A の処理結果は上書きされ預金 50 円は残高に反映されないことになる。この例の場合、最終残高は 80 円でなければならないが 30 円と誤った数字が記録される。これは独立性（または隔離性：Isolation）の欠如の例である。1 つのトランザクションの処理が完結するまで、他のトランザクションがデータへアクセスできないようにロックをかける等の手法を使って独立性を保証する必要がある。

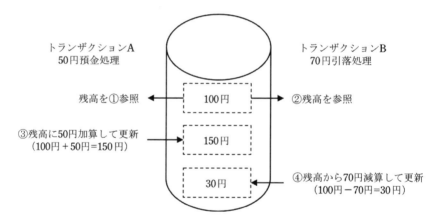

図 5.1　独立性が保証されない場合に発生する問題

　ACID 以外にもトランザクション処理にはさまざまな機能が必要とされる。特に高い信頼性を必要とする金融機関のシステムには、サービスの停止を最小限に抑えるため、システムを 2 系統用意し稼働中のシステムに問題が発生した場合、即時に待機系のシステムへ切り替える体制を取る必要がある。このようなシステムを**デュアルシステム**という。

　また、システムが停止しトランザクションが失敗した場合にデータベースの状態をトランザクション処理開始前の状態に戻す機能も必要になる。このような処理を**ロールバック**という。さらに、通信回線を経由して処理する方式をオンライン処理、そのうちリアルタイムで処理を行う方式を**オンラインリアルタイム処理**という。これに対して、サービス時間中のデータを夜間や休日にまとめて処理する方式を**バッチ処理**という。

　以上のような機能を持つメインフレームは、コンピュータの初期から大手金融機関や行政事務の効率化を目的として導入されてきた。

### 5.1.3　システム構成

　初期のメインフレームを使ったシステムの基本的な構成は中央集中型である。中央にメインフレームを設置し遠隔地にある専用端末と通信回線で接続する。端末装置から入力されたデータは通信回線を経由して中央のコンピュータに送信され処理される。処理結果は再び通信回線を経由して端末へ返される。アナログの電話回線が利用され、アナログとデジタルの変換を行うモデムという機器を介してやり取りが行われた。

　今日のパソコンと異なり、端末はデータの入出力を行うために設計された専用装置で、ほとんどの処理は中央のメインフレームが行った。**グラフィカルユーザインタフェース GUI**（Graphical User Interface）によるアイコンやウィンドウを使った直感的な操作は困難で、オペレーションに必要な専用コマンドの扱いに関する訓練を受けたオペレーターが必要であった。

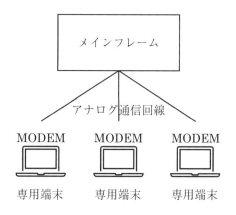

図 5.2 初期のメインフレームシステムの構成

## 5.2 ダウンサイジング

### 5.2.1 UNIX

　ダウンサイジングとは、大規模なシステムを小型でコストパフォーマンスの良いシステムに置き換えることを意味する。情報システムの分野では、メインフレームから **UNIX** を搭載した小型コンピュータへの移行が例として挙げられる。

　UNIX は 1960 年代末から 70 年代にかけて AT&T のベル研究所で開発されたオペレーティングシステムである。独立した研究プロジェクトの一環として開発され、特定メーカーのハードウェアに依存しない移植性の高い設計が採用された。また、複数の研究者がシステムにアクセスして、異なるプログラムを同時実行することができた。このような移植性の高さとマルチユーザ対応の特徴により UNIX は小型コンピュータで多く利用されるようになった。

　初期の UNIX のバージョンは、学術機関や一部の企業に対してソースコードが提供されており、ユーザは自ら改変を行うことが可能だった。ソース

コードが提供されたことで、コンピュータメーカーに依存せずに、UNIX を使って自らシステムを構築することができた。UNIX はメインフレームの主要な機能を備えていたため、高価なメインフレームから UNIX を使った安価な小型コンピュータへのダウンサイジングが進んだ。

### 5.2.2 クライアントサーバシステム

1983 年、UNIX は今日のインターネットと同じ通信プロトコル TCP/IP を搭載し LAN（Local Area Network）を介したデータ通信が可能となった。そのため、UNIX を搭載したサーバがファイルの管理を行い、クライアントが LAN 経由でデータにアクセスするクライアントサーバシステムの OS として利用されるようになった。1990 年代にインターネットが拡大すると、UNIX を使ったクライアントサーバシステムは TCP/IP を介して容易にインターネットに接続できた。

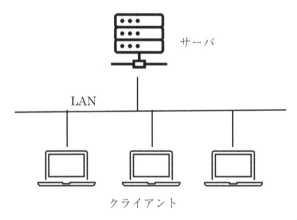

図 5.3　クライアントサーバシステムの構成

クライアントサーバシステムはサーバとクライアントの 2 つのタイプのコンピュータで構成される。サーバは大量のデータを保管・管理し、ネットワーク経由でクライアントに提供することに特化したコンピュータである。このため高い処理能力と記憶装置の拡張性を持つ。OS としては Windows

Server や Linux Server、Unix などが利用されることが多い。一方、クライアントとして利用されるパソコンはオフィス業務やウェブ閲覧などの個人利用、小規模な業務用途に適しており、Windows や MacOS が広く使われる。小規模なシステムではパソコンにサーバ用の OS をインストールしてサーバとして機能させることも可能である。

　図 5.4 にメインフレームとサーバの出荷金額の推移を示す。サーバの出荷金額は 1999 年を境にメインフレームを上回っている。金額は減少傾向にあるが、理由としてクラウドサービスの普及により自らサーバを保有しなくてもシステムを利用できる環境が整備されたことが考えられる。また、技術革新により 1 台のサーバを同時に複数の用途に利用できるようになったことや、ハードウェアの性能向上により、少ない数のサーバでも多くのデータ処理ができるようになったことなどがある。

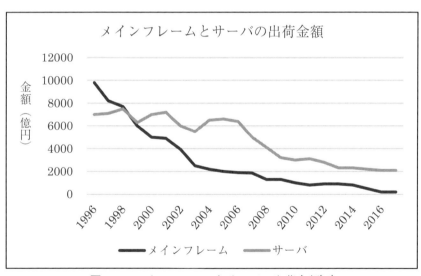

図 5.4　メインフレームとサーバの出荷金額[18]

## 5.4 IBM パソコン

　1975 年に MITS 社が発売した Altair8800 は、世界初のパソコンとされる。価格は$397 で購入者が自ら組み立てる必要があった。しかしコンピュータとしては手頃な価格であったためテクノロジー愛好家によって受け入れられた。Altair はキーボードやモニタを持たずスイッチを操作して on/off の 2 進形式で命令を入力する仕組みであった。

　1977 年には Apple 社が Apple II を発売した。Apple II の販売価格は$1,298 と比較的高価であったがキーボードとモニタを備え、今日のパソコンと同じ構成をしており一般の消費者にも広く受け入れられた。

　この時期、米国におけるパソコンの販売台数は 1977 年に 4 万台、続いて 9 万台、18 万台、29 万台、70 万台と年々増加した。1977 年から 1981 年の販売台数の年平均成長率は 104.5%で 2 倍以上のペースで増加していたことになる。巨大なメインフレーム市場で圧倒的なシェアを持っていた IBM は、当初、趣味や個人向けのパソコン市場に関心を寄せることはなかったが、急速な販売台数の増加を受け 1980 年にパソコン市場への進出を決定した。

　当初、IBM はパソコンの自社開発を模索したが設計には数年必要になることから方針を見直し、ハードウェアとオペレーティングシステムの開発を他社に委託することに決めた。開発期間は 1 年以内にするという野心的な戦略であった。戦略に従い CPU はインテル、オペレーティングシステムはマイクロソフトに委託された。その他 MEM、HDD、マザーボード等の主要な部品の開発も外部企業に委託された。

　このように複数の企業に部品の開発を委託する場合、それらの部品が正しく組み合わさり、製品全体が機能するように調整する必要がある。ここで大事なのが部品間のインタフェースの決定とその公開である。インタフェースとは情報をやり取りする際の取り決めである。メインフレームでは開発から製造までを 1 社で行うため、インタフェースは外部に公開しない。1980 年当時の Apple II などのパソコンも同様である。しかし、IBM パソコンでは開発を複数の外部企業に委託したため、インタフェースを公開する必要があった。この意味で、IBM パソコンは当時ユニークな特徴を持った

製品であった。

　また、メインフレームにおいて圧倒的な優位性を持っていた IBM がパソコン開発において自社技術をそのまま適用できなかったことは、メインフレームとパソコンに大きな違いがあることを示している。メインフレームの開発で培った技術でパソコンを開発することは容易でなかったということである。パソコンは小型化されたメインフレームではなく独自のニーズと用途を持つ異なる製品であった。たとえば Altair8800 は主にプログラムを機械語で記述することを学ぶための教育用の機械として利用され、Apple II もゲームや家計簿の管理、後にはスプレッドシートやデータベースを使うために利用された。大量のトランザクション処理を目的としたメインフレームとは異なった。このような違いがコンピュータの主流がメインフレームからパソコンに移る中で IT 業界の構造変化が起こった 1 つの要因である。

## 5.4　コンピュータ業界のパラダイムシフト

　コンピュータを構成する機能は図 5.5 に示すような階層構造で表現される。各層は下位の層に処理を依頼し結果を受け取る。下位の層は汎用的な機能を持ち最下層にはハードウェアがある。これはコンピュータが処理を行う際には必ずハードウェアの CPU や MEM などの資源を利用する必要があることを意味する。

　OS はマウスやキーボードなどの入力デバイスを介したユーザインタフェースをサポートする。また、CPU やメモリの管理、ファイルシステムの操作などの基本的なシステム機能を提供する。アプリケーションはこれら OS の機能を利用して初めて目的を達成できる。

　このような連携を行うには、アプリケーションと OS の間で、処理の依頼方法と得られる結果、すなわちインタフェースが明確に定義され公開されていなければならない。たとえば、Windows 用のアプリケーションを開発するためのインタフェースは Windows SDK（Software Development Kit）で入手できる[19]。Windows SDK には、アプリケーションの開発に必要なツ

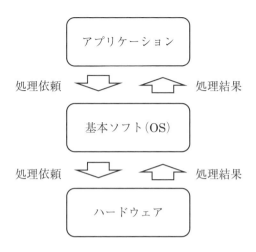

図 5.5　コンピュータの階層構造と連携

ールやドキュメントも含まれている。基本ソフトの価値は、アプリケーショ
ンの数が増えるほど大きくなるため、インタフェースを公開し開発を支援
することは基本ソフトを提供するマイクロソフトにとってもビジネス上の
意義がある。

　同様のことがパソコンのハードウェア部品についても成り立つ。パソコ
ンのハードウェアは表 5.3 に示すようなさまざまな機器から構成され、そ
れらが組み合わされて 1 つの製品になる。部品メーカーは機器の仕様やイ
ンタフェースを合わせなければならないが、多数のメーカーが個別に調整
を行うことは実務上困難であるため標準化組織が設立され標準化を推進し
ている。たとえば、パソコン本体と周辺機器の標準インタフェースは USB
Implementers Forum[20]が策定している。また、マザーボード上で部品をつ
なぐバスのインタフェースは IEEE（Institute of Electrical and Electronics
Engineers）[21]が策定している。

表5.3　パソコンの構成機器と主なメーカー

| 機器名 | 役割 | 主なメーカー |
|---|---|---|
| マザーボード | 中央処理装置、メモリ、拡張カードなどが取り付けられる基板。構成機器を連携させるための回路が搭載される | ASUS（台湾）、MSI（台湾）、Gigabyte（台湾） |
| 中央処理装置（CPU） | プログラムの命令を解釈し必要な演算を実行する | Intel（米国）、AMD（米国）、ARM（英国） |
| メモリ（RAM） | コンピュータが実行中のプログラムやデータを一時的に保持する | Samsung（韓国）、Micron Technology（米国）、SK Hynix（韓国） |
| ストレージデバイス | データを保存するための機器。ハードディスクドライブ（HDD）やソリッドステートドライブ（SSD）などがある | Western Digital（米国）、Seagate Technology（米国）、Samsung（韓国） |
| グラフィックスカード | コンピュータの画像処理を行いディスプレイに映像を表示する。3D描画やビデオ再生などの処理を支援する | NVIDIA（米国）、AMD（米国） |
| モニター | コンピュータのディスプレイ装置。ユーザーが情報を見るための画面 | Dell（米国）、LG（韓国）、Samsung（韓国） |
| キーボードとマウス | キーボードは文字入力やコマンド入力を行うデバイス、マウスはカーソルを操作するポインティングデバイスである | Logitech（スイス）、Microsoft（米国）、Apple（米国） |
| 電源装置 | コンピュータに電力を供給する | Corsair（米国）、Seasonic（台湾）、Thermaltake（台湾） |

　IBMパソコンにおける仕様やインタフェースの公開は結果的にIT業界に大きな変化を生み出した。

　第1にマイクロソフトが開発した基本ソフトMS-DOSのライセンスを購入することで、IBM以外のメーカーがIBM互換機を製造できるようになった。互換機は、IBMパソコン用に開発されたアプリケーションソフトを利用できた。

　第2に、IBM互換機は低価格で提供され、パソコン市場が拡大した。

　第 3 に、多くのメーカーのコンピュータ市場への参入を促し、それにより技術革新が加速した。

　このようにして、コンピュータの主役は、限られた数のメーカーが提供するメインフレームから多数の企業が製品や部品を提供するパソコンへ移行し始めた。

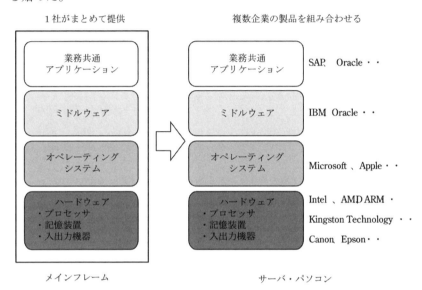

図 5.6　コンピュータ業界の変化

## 5.5　クラウドサービスと新ビジネス

### 5.5.1　クラウドサービス

　アプリケーションやストレージなどのコンピュータ資源をインターネット経由で利用することを**クラウドコンピューティング**という。これを提供するのがクラウドサービスである。Web メールはメールソフトをパソコンにインストールする必要はなく、ブラウザを使ってクラウドが提供するメール機能を利用できる。その他、Google ドライブや各種ソーシャルメディアなど、表 5.4 に示すような多くの身近な機能がクラウドサービスとして提供されている。

表 5.4　クラウドサービスの例

| 種類 | 内容 | 具体例 |
|---|---|---|
| オンラインストレージ | ユーザがファイルやデータをクラウド上にアップロードし、複数のデバイスからアクセスできる | Dropbox、Google ドライブ、Microsoft OneDrive |
| ソーシャルメディア | ユーザがオンライン上でコミュニケーションや情報共有できる | Facebook、X (Twitter)、Instagram |
| オフィススイート | オンライン上でワード文書、スプレッドシート、プレゼンテーション資料を作成・編集できる | Google Workspace、Microsoft 365 |
| ビデオ会議ツール | リモートワークや遠隔会議を実現する | Zoom、Microsoft Teams、Google Meet |
| ストリーミングサービス | オンライン上で動画や音楽を提供する | Netflix、Hulu、Spotify |

　クラウドサービスを提供する企業は世界中に**データセンター**と呼ばれる堅牢な建物を持ち、そこに大量のコンピュータ資源を格納している。クラウドサービスは**規模の経済**が効くビジネスである。規模の経済とは、生産量やサービスの提供量が増えるほど単位あたりのサービス提供に要するコストが低下するという経済原理である。大規模な設備を保有することで設備の維持管理を効率化できる。また、多くのサーバを利用することで利用者間の利用の変動を平準化し、サーバの稼働率を合理的なレベルに管理できるなどが理由である。このことが Google、Amazon、Microsoft などの大企業が主要なクラウドサービス提供者である理由の 1 つである。

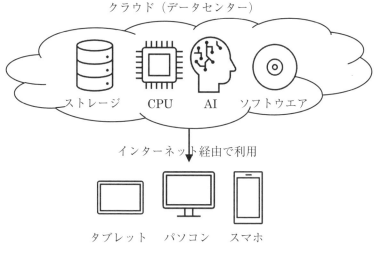

図5.7　クラウドコンピューティング

　クラウドサービスは図5.8に示すように SaaS、PaaS、IaaS の3つに分けられる。表5.5に各サービスの概要を示す。

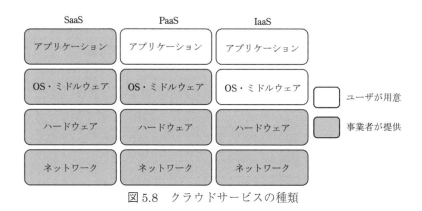

図5.8　クラウドサービスの種類

表 5.5　各サービスの概要

| 種類 | 概要 |
|---|---|
| SaaS | ユーザはクラウド事業者が提供するアプリケーションをインターネット経由で即座に利用できる |
| PaaS | ユーザは自社用のアプリケーションを開発し実行できる。システムのインフラ部分はクラウド事業者が提供するサービスを利用する |
| IaaS | ユーザはクラウド事業者から提供されるインフラ上でアプリケーションの開発とミドルウェアのカスタマイズを行う |

### 5.5.2　クラウドサービスによる業界の変化

　クラウドサービスの普及は IT 業界の構造を大きく変えている。企業は自社で設備を持つ代わりに、クラウドサービスを利用して、低コスト、かつ短期間でシステムを構築できるようになった。事業のアイデアを反映したアプリケーションを開発し、それ以外のコンピュータ資源はクラウドサービスで調達すれば新規ビジネスをスタートできる。従来はネットワーク、ハードウェア、OS・ミドルウェア、アプリケーションなどすべてのコンピュータ資源を自前で用意し、さらにセキュリティの保たれた建物に機器を設置し管理する必要があった。これは企業にとって大きな経営的な負担であった。特に、システム開発の専門的なノウハウを持たない中小企業は、資金とスキルの不足からシステムの導入を断念しなければならないケースが多かった。しかし、クラウドサービスの登場により、システム開発の経験が乏しい新興企業や中小企業も予算の制約内で最新の情報技術を利用できるようになった。このようなことを背景として、たとえば、新興企業によりフィンテック（Finance と Technology を組み合わせた用語）と呼ばれる新しい金融サービスが次々と提供され利便性の向上と手数料の削減に貢献している。

＜クラウドサービス利用のメリット＞
・　低コスト：少額の資金で情報システムを利用できる。
・　俊敏性：素早く事業を開始できる。
・　柔軟性：事業の拡大に合わせた段階的な情報化投資が可能である。
・　信頼性：信頼性の高いシステムや情報セキュリティ環境を利用できる。

## 5.6　モジュール型とすり合わせ型

　IT 業界では、新しい製品やサービスが次々と登場するようになった。この背景として**モジュール型**と**すり合わせ型**の技術の違いがある。モジュール型では製品を構成する部品間の独立性が高く組立も容易である。現代のパソコンやソフトウェアはモジュール型の製品であり、異なるメーカーの部品やソフトウェアを容易に組み合わせることができる。

　一方、すり合わせ型では、無駄のない洗練された設計の製品が作られる。部品は個々の目的に合わせて最適化され、部品間の調整に手間がかかるため、通常 1 つの企業がすべての設計と製造を行う。パソコンと比較した場合、メインフレームはすり合わせ型の製品といえる。

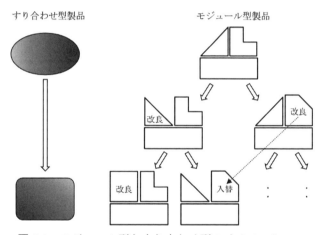

図 5.9　モジュール型とすり合わせ型のイノベーション

　モジュール型の製品とすり合わせ型の違いはイノベーションのスピードと製品の種類にも表れる。すり合わせ型の場合、製品の一部を変更するだけでも全体の再検討が必要になることが多く、結果として開発期間が長引く傾向がある。これに対しモジュール型では構成部品の一部に改良を加える、あるいは部品の組み合わせを変えることで新製品へと進化させることが可能である。このため、モジュール型の製品は、すり合わせ型に比べ、多様な製品を短い期間で開発しやすい。

表 5.6　モジュール型とすり合わせ型の比較

| | 特徴 | 理由 |
|---|---|---|
| モジュール型 | 市場のニーズに合わせてさまざまな製品を提供することが容易 | 部分的な改良を加えることで製品の拡張が可能 |
| | 異なる製造業者やサプライヤーが各モジュールを供給できる | モジュールの独立性が高く独自に設計・製造することが可能 |
| すり合わせ型 | 信頼性の高い製品を実現できる | 製品全体を精緻に調整して 1 つに統合した設計が可能 |
| | 特定の用途に特化した、優れた性能や効率性が実現できる | 部分最適に陥らず、目的に合わせた製品の全体最適化が可能 |

## 5.7　ビジネスモデル特許

　知的財産権は著作権と産業財産権に大別される。産業財産権は特許権、実用新案権、意匠権、商標権に分けられる。知的財産制度の目的は創作活動や発明を奨励し、著作者や発明者の権利を保護することで文化や技術の進歩を促進することにある。

　知的財産権保護の考え方は古くから存在し、著作権の起源は著作物を複製する印刷技術が普及した 16 世紀のヨーロッパに遡る。また、産業財産権の 1 つである特許権については、17 世紀イギリスで特許法が制定され、発明に対して独占的な権利が与えられるようになったことに始まる。17 世紀のイギリスの特許法では、新たな発明をイギリスにもたらした者には、国籍を問わず特許が認められた。この先進的な政策がヨーロッパ全体の技術者を刺激し先端技術がイギリスに流入した。これが 18 世紀の産業革命につながったとされる。このように、特許制度は産業の発展に大きな影響を及ぼす。

　ソフトウェア関連の特許が認められるようになったのは比較的最近のことである。はじまりは 1981 年にジェームズ・ディアー氏が申請したソフトウェア特許が裁判で認定されたこととされる。ディアー氏の発明は、ゴムの硬化技術に関するもので、その中にはゴムを最も効果的に硬化させる条件を計算するプログラムが含まれていた。裁判では、このゴムの処理方法が特許の対象として適当であるかが焦点となった。これに対し最高裁は特許を認める判決を下した。従来、プログラムは抽象的な数学的計算に過ぎないと

され、特許の対象から除外されていたが、判決では、問題のプログラムはコンピュータという物理的手段と連動して具体性のある処理を行うものであり、数学のような抽象的概念の域を超えるとされた。この事件を境として、ソフトウェアは米国だけでなく国際的に特許の対象として認められるようになった。

さらに 1998 年 7 月の「ステート・ストリート・バンク」事件をきっかけに情報技術を利用したビジネス手法にも特許が認められるようになった。この事件は、シグネチュア社が取得した「ハブ・アンド・スポーク」と呼ばれる投資管理方法に関する特許に対して、ステート・ストリート銀行が特許の無効を主張したものである。連邦最高裁は、この訴えを破棄して特許が有効であると判決を下した。これにより、情報技術を使ったビジネス手法の特許が認められるようになった。判決以降、1999 年 10 月、Amazon の**ワンクリック特許**、同じ月にプライスラインの**逆オークション特許**（売り手が買い手からの入札を受け付ける方式）等の**ビジネスモデル特許**が認められた。ビジネスモデル特許とはビジネスの手法に与えられる特許である。ビジネス手法を実現するために使われる情報技術に独創性が認められれば特許権が与えられる。ソフトウェアで実現されたビジネス手法は容易に複製が可能であるため、その専用実施権を確保するため、ビジネスモデル特許の申請件数は図 5.10 に示される通り近年増加傾向にある。

特許に関する法的枠組みとして特許制度が存在し、国の政策がその運用に影響を与える。たとえば、発明を積極的に保護する**プロパテント政策**では発明を奨励することで社会に寄与するという立場が強調される。これに対し**アンチパテント政策**では、特許制度によって特許権者が独占的な権利を持つことが他者のイノベーションを阻害するという立場が支持される。プロパテント政策では独占のリスクがある一方、アンチパテント政策は発明者の意欲や技術革新を妨げる恐れがあるためバランスの取れた政策が必要になる。図 5.10 の折れ線で示す査定率（申請件数に対して特許が認められる率）は 2000 年以降増加が続いており情報技術を使った新サービスの開発が促進されている傾向が見られる。

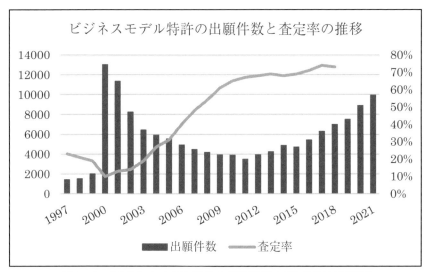

**図 5.10 ビジネスモデル特許の出願件数と査定率の推移[22]**

（注）査定率についてのデータは 2018 年まで

# 第6章　企業の情報化と情報化投資

　企業における情報化の進展と代表的な課題について説明する。また、情報化投資の種類と評価方法について説明し、日米の比較を通してグローバルな視点で見た日本の情報化投資の特徴を説明する。

## 6.1　企業における情報化の進展

### ＜1960年代＞

　メインフレームコンピュータの登場をきっかけとしてコンピュータの商用利用が拡大した。当時のコンピュータは高価であったため、利用の主体は資金的な余裕があり、大量のデータを正確に処理する必要がある企業や政府機関に限られていた。たとえば、銀行などの金融機関では預金残高や利子の計算作業をコンピュータによって効率化した。また、政府機関では国勢調査のデータ集計や予算計画、税収管理などを中心にコンピュータが利用された。

### ＜1970年代＞

　60年代後半から低価格のミニコンピュータが登場した。メインフレームより安価であったため、より広範なユーザにミニコンピュータの導入が進んだ。ハードウェアやソフトウェアの機能はメインフレームと比べると劣っていたが、技術革新により中小企業における業務に必要な計算能力を備えていた。

　またデータベース管理システム DBMS（Data Base Management System）が登場し、データの重複や不整合を減らし、柔軟な検索や集計が可能になった。DBMS により情報を効率的に管理・分析することで迅速な意思決定が行えるようになった。この時期、生産管理、受発注管理、在庫管理などの業務にコンピュータの利用が拡大した。

## ＜1980 年代＞

　パーソナル・コンピュータが登場しオフィス業務で広く使われるようになった。PC の普及は業務の効率化にとどまらず、組織文化にも大きな変革をもたらした。大型メインフレームやミニコンピュータの時代は、情報システム部がコンピュータの利用を一元的に管理し、コンピュータを利用する際には必ず情報システム部を介する必要があった。このような仕組みは希少資源であるコンピュータを利用するには合理的な方法だが、利用者の個別の要求に応える柔軟性や迅速性に欠けていた。しかし、PC の普及により従業員が自らのデスクで業務に必要なデータ処理や分析を行うことが可能になった。利用者（End-User）が業務上の必要性に応じてデータを処理する考え方は EUC（End-User Computing）と呼ばれた。実務を担当する利用者が直接データにアクセスし処理することで業務の手順や組織の在り方の見直しが行われるようになった。

## ＜1990 年代＞

　インターネットの登場により、多くの企業がウェブサイトを開設した。また、スタートアップ企業によるオンラインビジネスが登場し始めた。サーバとパソコンを使ったクライアント/サーバーシステムが主流になり、サーバによるデータ管理とクライアントによる LAN を介したデータの共有と活用が行われるようになった。

　**企業資源計画 ERP**（Enterprise Resource Planning）と呼ばれる業務アプリケーションが普及した。ERP システムはデータベースを使ってデータを一元管理し、会計、生産管理、サプライチェーンマネジメント、受発注管理、人事管理など、企業が必要とする業務ソフトを 1 つの統一されたアプリケーションにまとめたシステムである。ERP によりシステムの導入にかかる経済的、技術的負荷が大幅に軽減された。

## ＜2000 年代＞

　インターネットの利用が一般家庭や個人にも広がり企業の情報化も加速した。**企業間取引 B2B**（Business to Business）、**企業消費者間取引 B2C**（Business to Consumer）などの **e-コマース**（Electronic Commerce）が

拡大した。Amazon.com などの巨大なオンラインマーケットや eBay などのオークションサイトが登場しさまざまな商品がインターネットを介して取引されるようになった。

クラウドサービスが登場し情報資産を所有することなく情報システムを利用できる環境が整った。また、**SNS**（Social Networking Service）の浸透により、企業は個々の顧客との直接的なコミュニケーションの場を持つようになった。マーケティングやカスタマーサポートなどを通して、顧客との関係の深化にも情報技術が利用されるようになった。

＜2010 年代以降＞

半導体機器の価格対性能比が向上しモノのインターネットと呼ばれるトレンドが進んだ。パソコンやスマートフォンなどの通信機器のみでなく、センサ、家電、時計や眼鏡といったこれまでネットワークに接続されることのなかった機器がインターネットに接続されるようになった。また、これらの機器により作り出される大量のデータがクラウドに蓄積されビッグデータと呼ばれるようになった。ビッグデータは人工知能の学習に活用され、人工知能の利用が進んだ。データ分析を通して人工知能が経営に大きな役割を果たすようになった。

一方、情報化の進展によりサイバー犯罪や個人情報の漏洩など、情報セキュリティに関するリスクが高まり、対策の一層の強化が求められるようになった。

## 6.2　情報化の課題

### 6.2.1　ソローのパラドックス

1987 年、経済学者で MIT 教授のロバート・ソロー（Robert Solow）はニューヨーク・タイムズ紙で「コンピュータはあらゆる場所に見られるが、生産性の統計にはその影響が見られない」と指摘した。これは情報化投資が生産性向上に結びついていないことを示唆するものであり**ソロー・パラドックス**として知られるようになった。

ソローの指摘は「情報化投資による生産性向上は統計的に確認できるか」

という実証研究への関心を高めることとなった。これをきっかけとして情報化投資のあり方について見直しが行われた。その結果、単に情報技術を導入するだけでは不十分で、それと合わせて組織の変革や従業員のスキルアップ、業務プロセスの再設計など全体的なアプローチが必要であることが認識されるようになった。1990 年代初頭までの研究では、情報化投資と生産性との間に肯定的な関係が確認されず、ソロー・パラドックスの存在を支持する分析結果が数多く出されていたが、1990 年代半ばになると生産性向上へのプラスの効果を確認する研究結果が増えてきた。

### 6.2.2　ビジネスプロセスリエンジニアリング

　1993 年、マイケル・ハマー（Michael Hammer）とジェームズ・チャンピィ（James Champy）の著書『Reengineering the Corporation』[23]の公刊を契機として、**ビジネスプロセスリエンジニアリング BPR**（Business Process Reengineering）がビジネス界において重要なトピックとなった。

　企業が目標を達成するために行う一連の活動を**ビジネスプロセス**という。BPR とはビジネスプロセスを根本的に再設計することにより生産性を向上し目標を達成する手法である。ハマーとチャンピーは、情報技術を BPR の中心として位置づけ、業務プロセスを改善するための触媒として使う重要性を強調した。

　図 6.1 と図 6.2 に米国フォード社における購買部門の BPR の例を示す。情報システムの導入により業務プロセスの見直しと組織再編（支払部門の

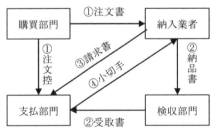

① 購買部門は，納品業者を決定すると，注文書を送るとともに，その控えを支払部門に送る。
② 業者から部品が到着すると，検収部門は部品に添付されている納品書から受取書を作成して支払部門に送る。
③ 業者は支払部門に請求書を送る。
④ 支払部門は，注文書控，受取書，請求書を照合して，問題がなければ小切手を業者に送る。

図 6.1　従来の業務の流れ

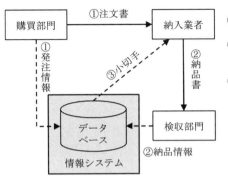

図 6.2　BPR 後の業務の流れ

廃止と職員の再配置）が行われている[23]。

### 6.2.3　ビジネスモデルの創造

2000 年代に入りインターネットと携帯端末が普及し、一瞬で多数の人に
サービスを提供し電子マネーで料金を回収することが容易になった。これ
により商取引に要するコストが削減され、従来であれば事業化が困難であ
ったアイデアが採算性を持つようになった。企業が価値を生み出し収益を
得る手法を**ビジネスモデル**という。技術革新により生まれた商機を活かす
ため、新たなビジネスモデルを創り出すことが求められるようになった。

表 6.1　新たなビジネスモデルの例

| ビジネスモデル | 概要 |
|---|---|
| フィンテック | スマホや PC を使って、いつでも電子マネーによる支払いを可能とする |
| シェアリングエコノミー | 個人が所有する未使用のものやサービスを他者に貸し出すことを可能にする |
| サブスクリプションサービス | 定期的な料金を支払うことで、サービスや商品を一定期間利用可能とする |
| オンデマンド エコノミー | スマホのアプリを使って即時にサービスや商品を提供する |

### 6.2.4　デジタルトランスフォーメーション

2010 年代に入るとデジタルトランスフォーメーション **DX**（Digital Transformation）が注目され、多くの企業が新しい情報技術を使った変革の重要性を認識し取り組みを始めるようになった。

DX が注目される背景には、クラウドコンピューティング、モノのインターネット、ビッグデータ、人工知能、スマートフォンの普及により、顧客のニーズに迅速に対応し、よりパーソナライズされた消費体験を提供することが可能になったことがある。このような環境の変化を受け、優位性確保のため、新たな情報技術を活用してビジネスの変革を図る必要が生じた。

表 6.2　DX の例

| 業界 | 事例 |
| --- | --- |
| 小売 | 消費体験の向上<br>バーチャルリアリティを利用した没入型ショッピング体験を提供する。AI チャットボットを用いて顧客サポートを自動化する |
| 製造 | スマート工場<br>IoT 機器を工場設備に取り付け、リアルタイムで製造ラインの監視と制御を行う |
| 金融 | モバイルバンキング<br>スマートフォンを通じて銀行のサービスを利用し、ほとんどの取引をオンラインで完了できる |
| 医療 | 遠隔医療<br>ウェアラブルデバイスを使って患者の健康状態をリアルタイムで監視することで継続的な健康管理と予防医療を促進する |

## 6.3　情報化投資

### 6.3.1　情報化投資とは

情報化投資とは情報技術の導入・強化のために、資金やその他の経営資源を割り当てることを意味する。システムの導入・拡張に必要な投資（一時費用）とシステムの運用・保守に必要な投資の 2 つに大別できる。

表 6.3 情報化投資の内容

| | 区分 | 投資内容 |
|---|---|---|
| 新規導入・拡張（一時費用） | ハードウェア | サーバ、パソコン、ストレージ、ネットワーク関連機器などの調達、構築費用 |
| | ソフトウェア | オペレーティングシステム、データベース管理システム、アプリケーションなどの調達、開発費用 |
| | サービス | クラウドサービス、IT コンサルティングなどシステム導入に必要なサービスの調達費用 |
| 運用・保守 | 運用 | 情報システムを日常的に稼働させるために必要な費用。人件費、ハードウェアのリース料など |
| | 保守 | システムの不具合の修正、ハードウェアの維持管理などに要する費用 |

　情報化投資においては企画から廃棄に至るまでのシステムのライフサイクルを考慮する。システム構築後 5 年間使用することを想定した場合、新規導入・拡張のための費用に 5 年間の運用・保守費用を加算した額が総投資額となる。これらの費用の比率は一般に 3：7 と考えられ、運用・保守費用の方が新規導入・拡張の費用よりも大きくなる傾向がある[24]。

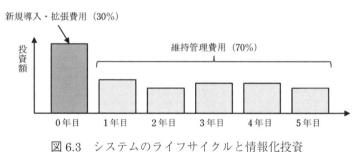

図 6.3　システムのライフサイクルと情報化投資

## 6.3.2　情報化投資の種類

　情報化投資は目的により業務効率型、戦略型、インフラ型の 3 つに分けられる。業務効率型の投資は、業務実施に要するコストの削減や時間の短縮などを目的とする。戦略型の投資は、新規事業や競争優位性を築くための投資である。また、インフラ型の投資は、ビジネスの基盤となる情報環境を強化・安定化することを目的とし、将来の拡大や変化に柔軟に対応できるよう

にするための投資である。

表 6.4　情報化投資の種類と目的

| 種類 | 目的 | 例 |
|---|---|---|
| 業務効率型 | 既存の業務プロセスを効率化することを目的とする | 販売管理や受発注システムなどの業務システムの開発 |
| 戦略型 | 新しいビジネスモデルや競争優位性を築くことを目的とする | 新サービスの開発、情報技術を使った顧客体験の向上など |
| インフラ型 | 情報化投資が成果を出すための基盤を構築する | サーバーの更新、ネットワークの拡充、セキュリティ対策など |

### 6.3.3　情報化投資の評価

　情報化投資の評価方法には財務的手法と非財務的手法がある。財務的手法には、**投資対効果 ROI**（Return on Investment）、**純現在価値 NPV**（Net Present Value）などの指標があり、投資の効果や価値を客観的な数値で表すことができる。一方、非財務的手法には、全社戦略と整合性や顧客満足度の向上などがある。以下に代表的な評価手法について説明する。

### (1)　投資対効果（ROI）

　ROI は投資から得られた利益を示す指標であり、投資効果を評価する指標として広く使われている。

　ROI の計算式は以下の通りである。

$$ROI = 利益／投資額 × 100\% \tag{6.1}$$

　ROI は財務上の利益に焦点を置いた評価指標であり、特に戦略型投資の評価に適している。

表 6.5　ROI による投資案件の評価の例

| 投資案件 | 投資額 | 回収額 | | | | 利益額 | ROI |
|---|---|---|---|---|---|---|---|
| | | 1 年目 | 2 年目 | 3 年目 | 4 年目 | | |
| A 案件 | 450 | 100 | 110 | 115 | 150 | 25 | 5.6% |
| B 案件 | 450 | 230 | 140 | 100 | 90 | 110 | 24.4% |
| C 案件 | 450 | 110 | 110 | 110 | 110 | -10 | -2.2% |

表 6.5 の場合、B 案件が最も ROI が高い。しかし、B 案件の収益は初年度が最も高く、その後減少することが予想されている。これは、市場の飽和や競合の出現によってサービスが陳腐化する可能性があることなどを示唆している。一方、A 案件は初年度の収益は低いものの、2 年目以降は安定した高い収益が期待されている。この案件では、初期のマーケティングによって顧客基盤を築き、長期的に安定した収益が期待できる。このように、単に ROI が高いという理由だけで B 案件を選ぶことは適切ではない。ROI は短期的な収益性を評価する指標であり、ビジネスの持続可能性や市場の変動は考慮されないため、投資の評価には他の指標を併用する必要がある。

**(2)　非財務的手法**

非財務的手法は、情報化投資の効果を利益や売上高などの財務指標ではなく、それ以外の指標で評価する方法である。表 6.6 に非財務的手法による評価の視点を示す。

表 6.6　非財務的手法による評価の視点

| 評価の視点 | 概要 |
|---|---|
| 全社戦略との整合性 | 情報化投資が企業全体の目標や方針とどの程度一致しているかを評価する |
| ビジネス環境への対応 | 顧客や市場などのビジネス環境に変化があった場合の影響を評価する |
| 顧客満足度 | ユーザや関連するステークホルダーの期待やニーズが満たされているか評価する |

## 6.4　日米の情報化投資比較

1994 年から 2018 年まで情報化投資額は、米国が約 3 倍以上、日本は横ばいとなっている[25]。情報化投資に関する日米の違いは投資内容にも見られる。表 6.7 に「IT 予算が増える理由」に関する日米の企業へのアンケート結果[26]を基にした日米比較を示す。日米の回答率の差の絶対値を取って降順で順位を付けている。この結果、日本は業務効率型（1 位）の投資が多く、米国では新たな技術や製品、サービスの利用（2 位）、及び IT によるサービス開発（3 位）などの戦略型の投資が多い。米国では情報技術を事業拡

大に活用する戦略型の投資が積極的に行われていることがわかる。

表 6.7　予算が増える理由の日米比較

| 順位 | 業務 | 日本 | 米国 | 差<br>日本–米国 | 絶対値 |
|---|---|---|---|---|---|
| 1 | IT による業務効率化/コスト削減 | 48% | 17% | 32% | 32% |
| 2 | 新たな技術/製品/サービス利用 | 1% | 27% | -26% | 26% |
| 3 | IT による製品/サービス開発強化 | 22% | 41% | -19% | 19% |
| 4 | 利益が増えているから | 6% | 24% | -18% | 18% |
| 5 | IT を活用したビジネスモデル変革 | 13% | 29% | -16% | 16% |
| 6 | 事業内容/製品ライン拡大による | 11% | 26% | -16% | 16% |
| 7 | IT による顧客行動/市場分析強化 | 18% | 28% | -10% | 10% |
| 8 | 法規制対応のため | 11% | 19% | -9% | 9% |
| 9 | プライベートクラウドの導入のため | 15% | 8% | 8% | 8% |
| 10 | 定期的なシステム更新サイクル | 15% | 10% | 6% | 6% |
| 11 | 会社規模が拡大したため | 11% | 15% | -5% | 5% |
| 12 | 未 ID 化業務プロセスの IT 化のため | 20% | 16% | 4% | 4% |
| 13 | 売上が増えているから | 12% | 15% | -4% | 4% |
| 14 | モバイルテクノロジーへの投資 | 4% | 1% | 2% | 2% |
| 15 | 市場や顧客の変化への迅速な対応 | 9% | 9% | 0% | 0% |

（注）順位は回答率の日米差の絶対値を降順に並べたものである

# 第7章　論理的思考と問題解決のツール

　情報技術を活用した問題解決は IT ソリューションと呼ばれる。最適な IT ソリューションを実現するためには、論理的思考と正しい問題解決の手順を実施することが必要である。論理的思考の基本的なツールと問題解決の手順について説明する。

## 7.1　論理的思考のツール

### 7.1.1　MECE

　**MECE**（Mutually Exclusive Completely Exhaustive）とは「相互に排他的で完全に網羅的」という意味である。その意義は物事を考える際に必要な要素の見落としを防ぎ、同時に要素の重複による無駄を省くことである。

　複数の要素からなる集合をいくつかのグループに分けることを考える。図 7.1 にモレとダブリの有無による 4 つの分け方を示す。MECE で分けた例では、集合全体は A、B、C の 3 グループに細分化されている。この時、どの要素もいずれかのグループに属し、かつ、各グループ間に要素の重複はない。これに対し、モレなしダブリありの例では、すべての要素はいずれかのグループに属するがグループ D の要素が B、C の要素と重複している。このような MECE ではない分け方をすると不都合が生じる場合がある。

　ある会社の営業チームの担当エリアを割り当てる場合を考える。仮に図 7.2 のように担当エリアと顧客企業の規模（たとえば社員数）によって 3 つのグループに分けた場合、社員数が 500 名以上の企業には 2 つの営業チームが別々に訪問することになりかねない。顧客は当惑するであろうし営業活動としても無駄がある。この場合、例えば、表 7.1 のように MECE な 4 チームに分けることでモレとダブリがない効率的な営業活動が可能になる。

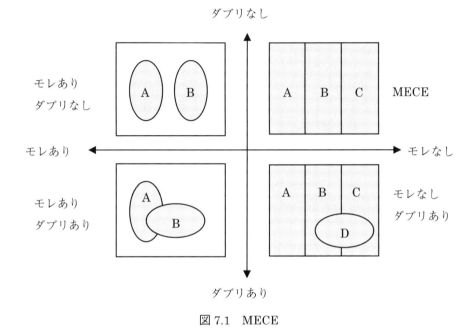

図 7.1　MECE

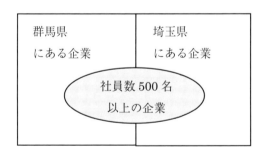

図 7.2　ダブリがある分け方

表7.1 モレとダブリのない分け方の例

| | 群馬県にある企業 | 埼玉県にある企業 |
|---|---|---|
| 社員数 500 名以上 | 営業チーム 1 | 営業チーム 2 |
| 社員数 500 名未満 | 営業チーム 3 | 営業チーム 4 |

MECE に分ける場合、目的に合わせてさまざまな切り口が利用される。表7.2 に切り口の例を示す。

表7.2 MECE の切り口の例

| 分類 | 視点 | 切り口の例 |
|---|---|---|
| 足し算型 | 部分集合 | 営業エリアを地域別に分ける<br>顧客を 20 代、30 代、40 代など年齢で分ける<br>5W2H で分ける |
| 因数分解型 | 構成要素 | 利益＝(顧客単価 − 顧客獲得コスト − 顧客原価)×顧客数<br>売上＝顧客単価 × 顧客数 × 購入頻度<br>売上＝従業員 1 人あたりの売上 × 従業員数 |
| 時系列型 | 時間軸 | 価値連鎖（開発、調達、生産、販売、物流、サービス）<br>ライフサイクル（企画、設計、製造、運用、廃棄）<br>購買プロセス（認知、関心、欲求、記憶、行動） |
| 対立概念型 | 対立概念 | ハードとソフト<br>マクロとミクロ<br>主観と客観 |

### 7.1.2 ロジックツリー

問題の原因や対策を洗い出す手法として**ロジックツリー**がある。ロジックツリーは以下の 3 つの原則に従って作成する。

＜ロジックツリーの原則＞

原則 1：トップダウンのアプローチ

上位の要素から始め、徐々に下位の要素へと分解する。

原則 2：階層構造

上位の要素から枝分かれする形で下位の要素をツリー状に展開する。

## 原則 3：MECE

　モレとダブリのない要素に分解し、重複や見落としを防ぐ。

　問題解決で使われるロジックツリーには展開の視点によって What 型、Why 型、How 型の 3 つのタイプがある。

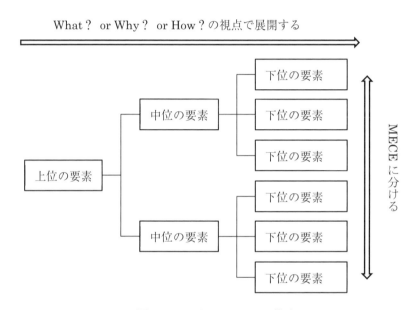

図 7.3　ロジックツリーの構成

表 7.3　3 つのタイプのロジックツリー

| タイプ | 視点 | 内容 |
|---|---|---|
| What 型 | なに？ | テーマをトップに置き、要素を洗い出す |
| Why 型 | なぜ？ | 問題をトップに置き、その原因や理由を洗い出す |
| How 型 | どのように？ | 目標をトップに置き、それを達成するための手段や方法を洗い出す |

　図 7.4 は「営業成績が低下している」という問題に対して、その要因を洗い出す Why 型のロジックツリーの例である。「内部要因」「外部要因」のように要因を大きく MECE な切り口で分けることで、その後にあがる要因の重複と見落としを避けることができる。さらに「内部要因」は「営業チーム

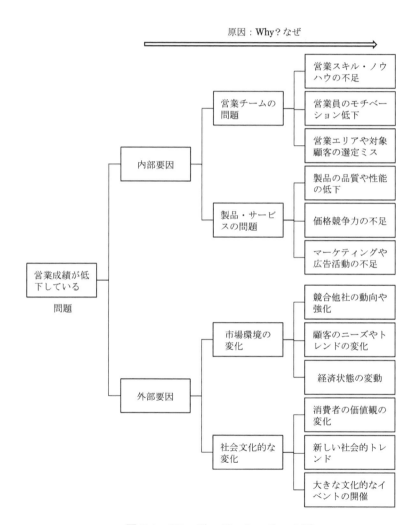

図 7.4　Why 型ロジックツリーの例

の問題」と「製品・サービスの問題」に、「外部要因」は「市場環境の変化」
と「社会文化的な変化」に分ける。ここでも MECE に分ける原則が意識さ
れている。厳密に考える場合、内部要因について「営業チームの問題」と「製
品・サービスの問題」の他に考慮すべき要因が存在する可能性は残る。しか
し、一般的なビジネスの文脈で考える場合、このような分け方で必要十分な
要因を検討の俎上に上げることが可能である。

　ロジックツリーは問題の構造化や明確化、原因と結果の関係の理解、そし
て最終的な解決策の立案に至るまで多くのステージで利用される。

表 7.4　問題解決におけるロジックツリーの活用例

| 目的 | 活用例 |
|---|---|
| 問題の発見 | 問題、改善の余地があることを明らかにする |
| 問題の分解 | 大きな問題を小さな部分や要因に分解する |
| 原因の特定 | 問題の背後にある主要な原因を特定する |
| 解決策の立案 | 原因に対する具体的な解決策を考える |
| 実行計画の作成 | 解決策を実施するためのステップやアクションプラン作る |

　ロジックツリーを補完する手法として、ブレインストーミングや KJ 法が
存在する。ブレインストーミングは、参加者が制約を置かずに自由に意見を
出し合い、多様なアイデアや解決策を短時間でリストアップすることを目
的とした手法である。一方、KJ 法は、大量のデータや情報をテーマやカテ
ゴリに分類する目的で利用される。これらの手法を併用することでより包
括的で整理されたロジックツリーを作りやすくなる。

表 7.5　ロジックツリーと合わせて利用される手法

| 手法 | 主な利用目的 |
|---|---|
| ブレインストーミング | 特にアイデアの生成や問題の解決策を考える初期段階で利用される。制約を排し、多くの意見やアイデアを出し合うための手法 |
| KJ 法 | 収集した大量の情報やアイデアをテーマやカテゴリ別に整理するために利用される |

### 7.1.3 論理のピラミッド

MECE の原則とロジックツリーの応用として**論理のピラミッド**がある。論理のピラミッドは、主張を正しく成立させるための条件を階層的に示すことで、コミュニケーションの効率を向上させる。たとえば、「新しい市場に進出すべきである」とだけ述べるより、進出の背景、必要性、期待できる効果や利益などの具体的な根拠を示すことで、その主張の正しさが明確に伝わる。主張の根拠、理由を構造的に整理するためのツールとして論理のピラミッドが利用される。

図 7.5 の例では、伝えたいこと、すなわちメインメッセージを"Why so?"「なぜそうなる？」を繰り返して具体的な理由に展開している。さらに下位のメッセージをもとに"So what?"「だからなに？」と問うことで論理的な主張を組み立てる。これにより上位のメッセージ（主張や意見）が、それをサポートする下位のメッセージ（根拠、理由）によって支えられる論理的な階層構造が築かれる。下位のメッセージは上位のメッセージの必要性、十分性を説明するための情報を提供する役割を果たす。この階層的な構造は情報の流れや論理の関連性を明確にし、説得力のあるコミュニケーションや合理的な意思決定の助けになる。

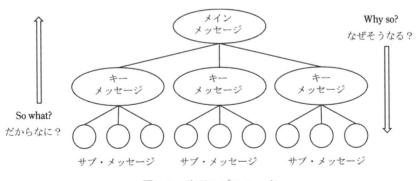

図 7.5　論理のピラミッド

図 7.6 に論理のピラミッドの具体例を示す。メインメッセージ「AI ロボット市場に参入すべき」はある企業が検討している解決策の例であり、その

配下のメッセージは解決策の正しさを支える論理的根拠である。MECE や
ロジックツリーの考え方は論理のピラミッドを構成する要素の洗い出しに
も適用される。

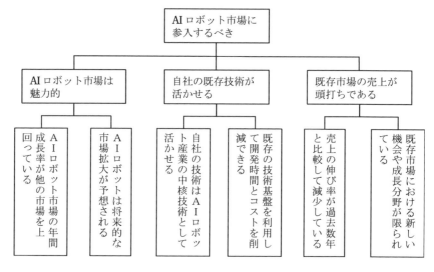

図 7.6　論理のピラミッドの例

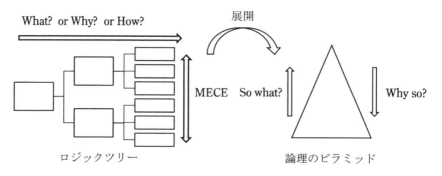

図 7.7　ロジックツリーの展開と論理のピラミッド

### 7.1.4 フレームワーク

問題解決や意思決定の過程を体系的、かつ効率的に進めるために利用される思考ツールとして**フレームワーク**がある。フレームワークの中には5W1H のように MECE やロジックツリーと同様、さまざまな状況や問題に応用可能なものがある一方、特定の目的に特化したものも数多く用意されている。表 7.6 に経営学で利用されるフレームワークの例を示す。

表 7.6　経営学で利用されるフレームワークの例

| フレームワーク | 使用目的 | 概要 |
|---|---|---|
| SWOT 分析 | 戦略的ビジネス分析 | 組織の強みを活かし、弱みを改善するためのツール。また、機会を捉え、脅威に対処するための視点を明らかにするために利用される |
| 4C | マーケティング戦略 | 4C（Customer、Cost、Convenience、Communication）を考慮し、効果的なマーケティングを実施するためのツール |
| BCG マトリクス | 戦略的な意思決定 | 市場の成長率と自社の市場占有率をもとに、提供する製品やサービスの位置づけ、重要性を分析・管理するためのツール |
| AIDMA モデル | 消費者の購買行動の分析 | 消費者が商品やサービスを知り、興味を持ち、購入に至るまでの行動を明らかにするためのツール |
| PEST 分析 | 外部環境分析 | 政治、経済、社会、技術の各要因を通じて企業が置かれているマクロ環境を評価するためのツール |

## 7.2　問題解決のプロセス

### 7.2.1　問題解決とツール

問題とは現状とあるべき姿のギャップであり、問題解決とは最適な方法でギャップを解消することである。問題解決は発散と収束という 2 つの段階を経る。発散とはアイデアや解決策の幅を広げる過程であり、未検討の選択肢や新しい視点を探すことを目的とする。このためのツールとしてロジックツリーやフレームワークが利用される。対照的に収束とは、広げたアイデアや解決策を絞り込む過程を意味する。そのために、評価基準や優先順位

を設定し、発散過程で得られた多くのアイデアの中から実行可能、かつ効果的なものを選び出す。問題解決の取り組みでは、まず広い視野でアイデアをリストアップし（発散）、それを評価・整理して具体的な方向性を決める（収束）サイクルを繰り返す。

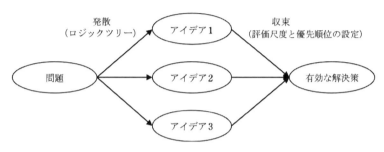

図 7.8　問題解決における発散と収束

論理的思考のツールと問題解決の関係を図 7.9 に示す。

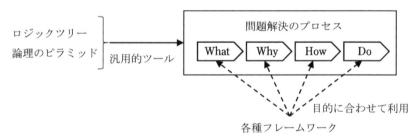

図 7.9　論理的思考のツールと問題解決

一般に問題解決のプロセスは図 7.10 に示す 4 つの段階を経る。

図 7.10　問題解決のプロセス

### 7.2.2 問題の発見

問題とはあるべき姿と現在の姿のギャップ（差異）であり、問題の発見とは、何かが不適切である、または期待通りではないことに気づくことである。

問題には 2 つの側面がある。1 つは何らかの原因により現状が元の状態と比較して劣っていることであり、これを「**原状回復型の問題**」と呼ぶ。もう 1 つは現状よりも高いレベルの目標を設定した場合に生じるギャップであり、これを「**理想追及型の問題**」と呼ぶ。

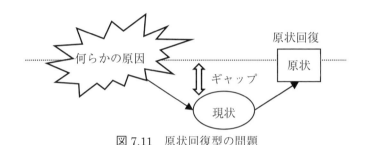

図 7.11 原状回復型の問題

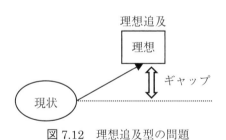

図 7.12 理想追及型の問題

「原状回復型の問題」と「理想追及型の問題」は 1 つの事象に対する視点の違いであり、問題解決の基本的なプロセスは同じであるが、解決の視点と思考ツールの活用方法に違いが生じる。

表 7.7　問題の比較

| 種類 | | 内容 |
| --- | --- | --- |
| 原状回復型の問題 | | 障害やトラブルにより失われた正常な状態を回復する |
| | 解決方法 | 問題の原因を特定し、それを解決する |
| | 例 | 売上高の低下、信用の低下など |
| 理想追求型の問題 | | 現状よりも高い目標や新しい水準を達成する |
| | 解決方法 | 新しいアイデアや方法を模索し、革新的な解決策を探る |
| | 例 | 新製品の開発、新しい市場への進出など |

　複数の問題がある場合、問題の重要度と解決の緊急度が大きな問題を優先して解決する。

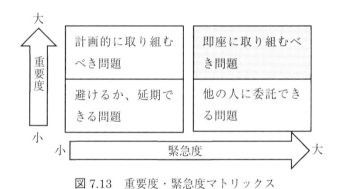

図 7.13　重要度・緊急度マトリックス

### 7.2.3　原因の特定

　効果的な対策を実施するためには根本原因を特定することが重要である。この考え方は**パレートの法則**、つまり「結果の大部分は原因の一部から生じる」という原則に基づいている。この法則を問題解決の文脈に適用する場合、「多くの問題は比較的少数の主要な原因によって引き起される」と解釈することができる。根本的な要因に焦点を当てて対策を行うことで、効率的な問題解決が期待できる。

　図 7.14 に示す手法は、優先して取り組むべき重要な原因の特定に使われる。各ボックスを結ぶ矢印は原因と結果の関係を表し、矢印上の数字は左側

のボックスが右側に与える影響度を示す。矢印が 1 つの場合の影響度は 1.0 とし、2 つ以上の矢印がある場合、それらの合計が 1.0 になるよう影響の大きさに応じて按分される。ボックス上の数字は原因としての重要度を表す。解決すべき問題が書かれた一番右のボックスの重要度は 1.0 で、他のボックスの重要度は右にあるボックスの重要度に矢印上の数字を掛けることで求められる。計算は右から左に行われ、図に示す下線付きの計算式は重要度の算出方法の例を示す。大きな数字を持つボックスは、原因としての重要度を示し、図の例では「すべての業務が手作業」が最も重要な原因となる。

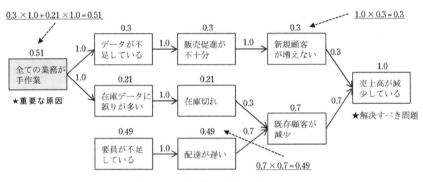

図 7.14 重要な原因の見つけ方

### 7.2.4 解決策の立案

解決策の立案には、以下の 3 つのステップがある。

Step1：解決策の洗い出し

問題や課題の解決策やアイデアを積極的に考え出す

Step2：最適な解決策の選択

洗い出した中から、効果的かつ実行可能な解決策を選択する

Step3：アクションプランの策定

選択した解決策の具体的な実行計画を立てる

　Step1 の解決策の洗い出しでは、How 型のロジックツリーが利用される。
図 7.15 に「顧客満足度の向上」という目標に沿った How 型ロジックツリーの例を示す。このロジックツリーは、How?「どのようにして」の視点で展開されている。

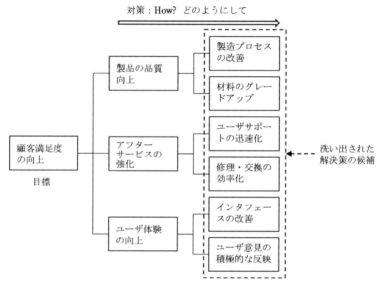

図 7.15　How 型ロジックツリーの例

　Step2 洗い出された候補の中から最も有効な解決策を選択するため、各候補に対して、費用と効果、またはメリットとデメリットの比較を行う。図 7.16 に費用対効果のマトリクスの例を示す。費用小、効果大の解決策を採用する。

図 7.16 費用対効果マトリックスの例

Step3 のアクションプラン策定では、タスクを明確にし、期限を設定し、経営資源（ヒト・カネ・モノ）の配分を行って、具体的な解決に向けた計画を作成する。

**アローダイアグラム**は、対策の実施に要する時間や日数を算出するツールとして使われる。アローダイアグラムにより各タスクの所要時間とタスク間の依存関係を考慮して、どのタスクをいつまでに完了すべきかを明確にすることができる。以下に問題解決プロジェクトのアローダイアグラムの作成手順を示す。

Step1：タスクのリストアップ
  プロジェクトに必要な全タスクを一覧化する
Step2：タスクの依存関係の特定
  各タスクが他のタスクの完了を必要とするか否か確認する
Step3：タスクの所要時間の設定
  各タスクの開始から完了までの所要時間を定める
Step4：開始と終了ノードの設定
  ダイアグラムの始点（左端）と終点（右端）を示すノードを配置する
Step5：アローの配置
  各タスクとその依存関係をアロー（矢印）で表示する
Step6：最早開始日の計算

　プロジェクトの開始日を起点に、タスクを最も早く開始できる日を計算する。たとえば、タスク F は C と D が完了した日が最早開始日になる

Step7：最遅開始日の計算

　各タスクについてプロジェクトの終了日に影響を与えない、最も遅い開始日を計算する

Step8：クリティカルパスの特定

　プロジェクト完了までに最長の時間が必要な経路（パス）を特定する

Step9：余裕時間の計算

　各タスクの最早開始日と最遅開始日の差を計算して余裕時間を求める

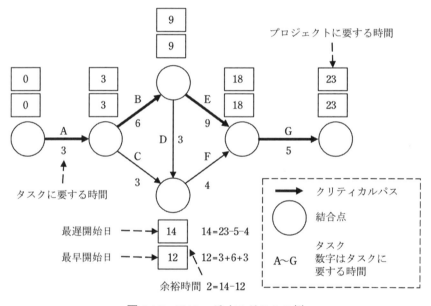

図 7.17　アローダイアグラムの例

　太い矢印で示す**クリティカルパス**は余裕時間が 0 のアクティビティが連続する経路である。クリティカルパス上のタスクの遅れはプロジェクト全体の遅れにつながるため、重点的な管理が必要である。

### 7.2.5 解決策の実施

　問題解決は解決策の実施で終わるものではなく、実施結果を評価し、さらに課題が見つかれば必要な対策を打つ **PDCA サイクル**（Plan-Do-Check-Act/Action）を繰り返して実施し継続的な改善を行う。

**表** 7.8　PDCA サイクルの活動概要

| サイクル | 活動概要 |
|---|---|
| Plan 計画 | 目標を設定し実施計画を策定する |
| Do 実行 | Plan で立てた計画を実行する |
| Check 評価 | 実行結果を分析し計画との差異を評価する |
| Act/Action 改善 | 評価結果から改善策を検討し、必要に応じて実施することで次のサイクルへ移行する |

# 第8章　システム開発とシステムインテグレータ

　システム開発とソフトウェア開発の代表的な方法論について説明する。また、システム開発プロジェクトにおいて守るべき3つの条件QCD（品質、コスト、納期）と使用するツールについて解説する。さらにシステム開発プロジェクトの特徴とシステムインテグレータの経営課題についても考える。

## 8.1　情報システムのライフサイクル

　初期のシステム開発では、体系化された開発手法が確立されておらず、開発者の経験による場当たり的な手法が多く用いられていた。このような手法はシステムの規模が小さく、開発すべき機能が単純な場合には問題が少なかった。しかし、技術の進化に伴いシステムの複雑性と規模が拡大するとさまざまな問題が発生するようになった。このような問題を背景として、企画から廃棄に至るまでのシステムのライフサイクルにおいて実施すべきタスクや手順を定めた標準的な方法を制定する動きが始まった。

　1995 年にソフトウェアのライフサイクルに関する国際標準 ISO/IEC 12207: Software life cycle processes が制定され、次いで 2002 年にハードウェアや人の活動を含む情報システムのライフサイクル ISO/IEC 15288 が制定された。日本では ISO/IEC 15288 を基盤にして、日本の文化やビジネス環境に合わせた**共通フレーム 2013**（JIS X 0129-3:2013）が策定された。共通フレームにはシステム開発の各プロセスで実施すべきタスクや作成すべき成果物が規定されている。

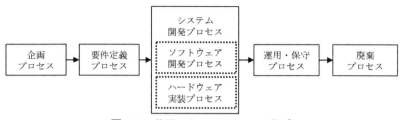

図 8.1　共通フレーム 2013 の体系

表 8.1　各プロセスの概要

| プロセス | 概要 |
| --- | --- |
| 企画プロセス | システムを導入する背景や目的を明確化し、それに基づいてシステム化の方針、範囲、戦略を定める |
| 要件定義プロセス | 利用者のニーズや期待を収集・分析し、それをもとにシステムの機能や性能などの要件を定義する |
| システム開発プロセス | システム全体の設計や実装を進める |
| 　ソフトウェア開発 | ソフトウェアの設計、開発、テストを行う |
| 　ハードウェア実装 | ハードウェアの設計、実装、テストを行う |
| 運用プロセス | システムを稼働しサービスを提供する。日常の運用や監視、データのバックアップなどの作業が含まれる |
| 保守プロセス | システムの稼働中に発生する問題の修正や、利用者の要求、技術の進歩に対応してシステムを更新する |
| 廃棄プロセス | システムを安全に停止させ、データや機密情報を適切に処理・消去する |

## 8.2　情報システムの開発方法

### 8.2.1　開発実施要領と開発プロセスモデル

　実際のシステム開発においては**開発実施要領**と呼ばれる文書が利用される。開発実施要領はシステム開発の具体的な手順やプロセスを説明したドキュメントであり、開発を効率的に進めるための工夫やアイデアが含まれている。システム開発が実施される都度、加筆や修正が行われ実践的なノウハウが蓄積される。表 8.2 に開発実施要領の概要を示す。

表 8.2 開発実施要領の概要

| 項目例 | 内容 |
|---|---|
| 開発手順 | 各開発プロセスで実施すべきタスクと実施手順 |
| 品質保証 | 品質を確保するために実施すべきタスク |
| リスク管理 | リスク評価の手順。緩和策、対応方法 |
| レビューと承認 | レビューの手順、レビュー結果の承認ルール |
| エスカレーション | 問題が現在の権限では解決できない場合、上位の権限を持つ人へ報告し了解を得る。そのための手順 |
| プロジェクトの終了 | プロジェクト終了時に実施すべきタスクや成果物の引き渡し方法 |

システム開発の標準的な手順を**開発プロセスモデル**という。開発プロセスモデルには、**ウォーターフォールモデル**、**スパイラルモデル**、**アジャイル開発**などがある。開発実施要領には各モデルの実施手順も記載される。表 8.3 に各開発プロセスモデルとその特徴を示す。

表 8.3 開発プロセスモデルと特徴

| モデル | 特徴 | 適用されるケース |
|---|---|---|
| ウォーターフォール | 上流から下流へ一方向に開発を進める | 大規模なシステム開発 |
| スパイラル | 反復的な開発を行う。各サイクルでリスク分析を行う | 開発要件の変更が予期される。新技術を使ったシステム開発 |
| アジャイル開発 | 顧客からの変更要望に迅速に対応する | 市場の変化が速く早期のリリースが求められる |

## 8.2.2 ウォーターフォールモデル

ウォーターフォールモデルは、1 つのフェーズが完了するまで次のフェーズには進まないことを方針とする。これによりプロジェクトの進捗把握が容易になる。また、各開発フェーズにおいて多くの文書が作成されることも特徴である。大規模プロジェクトでは長期に渡って多くの開発者が関与するため、正確な進捗管理と文書化を特徴とするこのモデルが採用される場合が多い。その反面、開発の初期のフェーズで見落としや誤りがあった場合、後続フェーズで大きな修正や、やり直しが必要になる。このことは完成の遅

れや開発費用の増大などの原因となる。また、最終的なシステムの全体像を初期段階で把握することが難しいため、完成が近づきシステムの全体像が明らかになるにつれ、ユーザから新たな要望や変更の依頼が出やすいことが指摘される。

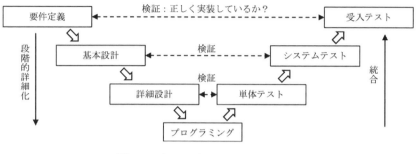

図 8.2 ウォーターフォールモデル

### 8.2.3 スパイラルモデル

スパイラルモデルは情報システムを一度に完成させるのではなく、部分的な機能の開発を反復的に行い、その都度ユーザの意見を取り入れながらシステムを徐々に完成させていくモデルである。

このモデルは 1980 年代に Barry Boehm によって提案された。ウォーターフォールモデルではプロジェクト途中での変更要求に対して柔軟に対応することが困難であった。そこで、スパイラルモデルは、顧客の意見を迅速に把握し、変更に柔軟に対応するとともに、要件変更に伴うリスクを効果的に管理することができる開発モデルとして提案された。

スパイラルモデルでは、必要性の高い機能や基盤となる機能を優先して開発する。また、新しい技術を利用する機能や要件変更の可能性が高い機能も優先的に取り組むことで、未知の要因がもたらす影響を抑え、プロジェクト全体のリスクを低減させる

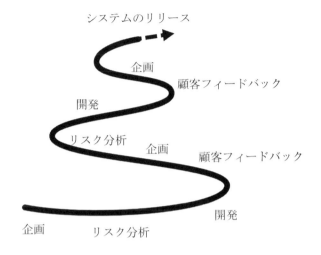

図 8.3 スパイラルモデル

### 8.2.4 アジャイル開発

アジャイル開発は主に 2000 年代に入って注目されるようになったソフトウェア開発の手法である。アジャイル開発が注目される背景には、ウェブシステムやモバイルシステムの利用拡大がある。多くの企業が新たなサービスを次々と提供しており、アイデアを迅速にシステムに反映することが競争力を高めるために必要になった。アジャイル開発は、このような環境に柔軟に対応しシステムを早期にリリースすることを重視するモデルである。

アジャイル開発では小さな機能を繰り返しリリースする。この繰り返しのサイクルのことを**イテレーション**と呼び、1 つのイテレーションが終了すると開発された機能がリリースされる。また、イテレーションの間に得られた利用者からの意見を次の開発に取り入れることで、顧客の要望や市場の変化に柔軟かつ迅速に対応することが可能となる。

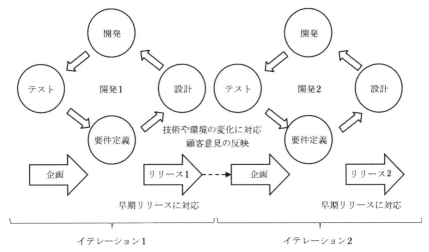

図 8.4 アジャイル開発

## 8.3 ソフトウェアの開発方法

### 8.3.1 初期のプログラミング方法

初期のソフトウェア開発では**フローチャート**が用いられた。フローチャートは処理の流れや手続きを視覚的に表現するツールとして有用であった。フローチャートにより、複雑なプログラムの動作やデータの流れを明確にすることができ、設計の誤りや矛盾を早い段階で見つけることが可能になった。また、ソフトウェアは主に初期の高水準言語である。FORTRAN や COBOL などフローチャートと親和性の高い手続き型プログラミング言語で記述されていた。

### 8.3.2 構造化設計

1970 年代に入るとソフトウェアの規模や複雑性が増し、多くのプロジェクトが遅延や予算超過、品質の低下といった問題に直面した。これは**ソフトウェア危機**と呼ばれ産業界全体にとって大きな課題となった。

このような状況において**構造化設計**が提案された。構造化設計はシステムを独立性の高いモジュールに分割し、それぞれのモジュールが持つべき

機能とモジュール間の関係を明確にすることを主眼としている。各モジュールは、タスクの処理において、他のモジュールへの依存が最小限に抑えられるように設計される。

表8.4　独立性の高いモジュールの利点

| 利点 | 内容 |
|---|---|
| 再利用性の向上 | モジュールが特定の処理を完結できれば、他のプロジェクトなどでの再利用が容易になる |
| 変更の影響範囲が狭い | モジュールに変更を加えても、他のモジュールへの影響を最小限にとどめることができる |
| メンテナンス性の向上 | モジュールの修正や改良を行う際に、システム全体への影響が小さいため、保守や拡張が容易になる |

　構造化設計は「人間が一度に把握できることには限界がある」という考え方を基にしている。全体から始め、段階を追って詳細なタスクに分解することで理解に要する負荷を軽減できる。モジュールの独立性と再利用性を重視するこのアプローチはオブジェクト指向設計など現代のソフトウェア開発にも大きな影響を与えた。

　図 8.5 はフローチャートと構造化設計で利用される**機能階層図**の例である。大規模な機能をフローチャートで表現した場合、ひし形で示す条件分岐が増加し処理の複雑さが加速的に増す。他方、機能階層図ではシステムで実現すべき機能を独立性の高いモジュールに分解することで、複雑性をモジュールの範囲に抑えることができる。そして、この機能階層を詳細化することで一人のプログラマが容易に扱える大きさに分割し効率的なソフトウェア開発が可能になる。

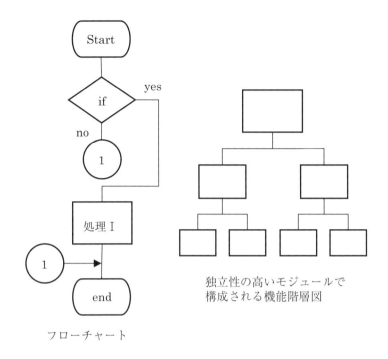

独立性の高いモジュールで
構成される機能階層図

フローチャート

図 8.5 フローチャートと機能階層図の比較

### 8.3.3 オブジェクト指向設計

構造化設計が主流だった時代は手順が明確に決められている業務をコンピュータによる処理に置き換えることが主な目的であった。しかし、インターネットの普及に伴いシステム化に対する要求が拡大した。ウェブ技術の登場によりユーザインタフェースが進歩しシステム間の連携やデータの流れが複雑になった。また、システムの更新頻度が増え速やかな変更や拡張が求められるようになった。このような背景から、構造化設計に代わる新たなソフトウェア開発手法として**オブジェクト指向設計**が注目されるようになった。

### (1) クラス

オブジェクト指向設計では、実世界の業務や概念を抽象化し、これを**クラス**として表現する。抽象化とは細かな差異を排除し本質を簡潔にまとめる

ことを意味する。抽象化を経ることで多種多様な処理を効率的にソフトウェアで実現できる。クラスは**属性**とその動作や機能を定義する**メソッド**の 2 つで構成される。表 8.5 にクラス、属性、メソッドの例を示す。

表 8.5　クラス、属性、メソッドの例

| クラス | 属性 | メソッド |
|---|---|---|
| 自動車 | ブランド、色、速度 | 走る、止まる、クラクション |
| 人 | 名前、年齢、性別 | 歩く、話す、食べる |
| 銀行口座 | 口座番号、残高 | 預金する、引き出す、残高照会する |
| 注文 | 注文 ID、顧客 ID、注文日 | 注文を受ける、キャンセルする |

## (2) インヘリタンス（継承）

　システム開発で扱うオブジェクトは多岐に渡る。たとえば、自動車にはバス、トラック、スポーツカーなど多様な車種が存在する。オブジェクト指向設計においては、このような多様性を効率的に扱うために**インヘリタンス（継承）**という概念が用いられる。インヘリタンスにより上位クラスの属性やメソッドを下位のクラスが引き継ぎ、下位クラスでは、上位クラスとの差分のみをプログラムする。インヘリタンスを利用することで、既存のクラスの特性やメソッドを新しいクラスで再利用することが可能になり、重複を避け効率的なプログラミングが可能となる。

## (3) ポリモフィズム（多相性）

　ポリモフィズム（**多相性**）は、同じメソッドを持つ異なるオブジェクトが、メソッドの呼び出しに対して異なる振る舞いを示す能力を指す。たとえば、自動車のクラクションボタンを例にとると、異なる車種でもこのボタンを押すことで「クラクションを鳴らす」という共通の動作が期待できる。しかし車種（クラス）によって音は異なる。ポリモフィズムは同じメソッド「クラクションを鳴らす」で、それぞれの車種特有の音を出すことを可能にする。つまり、上位クラスで定義されたメソッドを下位クラスで具体的な振る舞いに再定義することができる。ポリモフィズムにより異なるクラスに対して同じメソッドを使用できるためプログラムの再利用性が向上する。

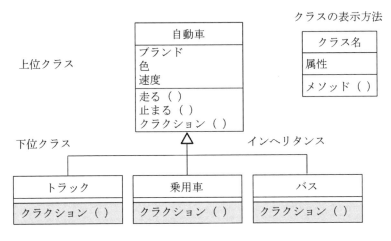

図 8.6 クラクションのポリモフィズムの例

## (4) カプセル化

**カプセル化**とはオブジェクトの属性やメソッドにアクセス権を設定し、外部からのアクセスを制限することを意味する。必要な部分のみを外部に公開することで、オブジェクトの内部構造を変更しても外部のコードへの影響を抑えることができる。

## (5) UML

**統一モデリング言語 UML**（Unified Modeling Language）は、オブジェクト指向技術の標準化を目指す国際的な非営利組織 **OMG**（Object Management Group）によって標準化されている表記法である。UML2.0 では、システム機能を表現するための 14 種類のダイアグラムが定義されており、開発者はこれらを必要に応じて使い分けてシステム開発を行う。

表 8.6　UML の例

| ダイアグラム | 概要 |
|---|---|
| クラス図 | クラスの仕様とクラス間の関連を表現する |
| シーケンス図 | オブジェクトがどのように相互作用していくかを時系列に沿って表現する |
| ユースケース図 | システムが提供する機能と利用者の関係を表現する |
| アクティビティ図 | 処理における制御の流れを表現する。フローチャートの発展形であり、業務の流れを記述する |

## 8.4　システムインテグレーション

### 8.4.1　プロジェクト

　**プロジェクト**とは明確な始まりと終わりを持ち（有期性）、ユニークな製品やサービス（独自性）を提供する組織的な活動を意味する。システム開発には企画から納品までの明確な期限が存在する。また、企業はそれぞれ固有の組織、戦略、顧客基盤などを持つため、必要とする情報システムは企業毎に異なる。さらに、システム開発は技術者だけでなく、経営者やシステムを利用するユーザなどが協力して実施する組織的な活動である。したがって、システム開発はプロジェクトの性格を持つ。

### 8.4.2　プロジェクトマネジメント

　システム開発プロジェクトでは事前に決められた **QCD**、すなわち品質（Quality）、コスト（Cost）、納期（Delivery）の 3 つの条件を満たすことが求められる。一般に品質は高いほど良く、コストは小さいほど良い。また納期は短いほど良い。しかし、品質を高めるためには大きなコストと長い時間がかかり、納期を守るために品質の確保や納期の維持が難しくなる場合がある。このように、当初設定した QCD を同時に達成するには高度なプロジェクトマネジメント力が必要になる。

表 8.7 システム開発の QCD

| 条件 | 内容 |
|---|---|
| 品質（Quality） | 機能が漏れなく正しく実装され、バグが少ないこと |
| コスト（Cost） | システム開発に要する費用が計画内で収まること |
| 納期（Delivery） | システム開発が完了し利用可能となる時期が守られること |

以下に QCD 管理に利用される手法について説明する。

## (1) 品質管理

ソフトウェアの品質管理では**バグ収束曲線**が利用される。バグとはソフトウェアに含まれる誤りのことで、バグ収束曲線とはソフトウェアのテスト段階で発見されるバグの累積数を時系列にプロットしたものである。

テストの初期段階では多くの問題点が明らかになるため、バグが次々と発見され曲線は急激に上昇する。しかし、テストが進行するにつれて新たに発見されるバグの数が減少し曲線の成長は次第に鈍化する。これは、テストが進行するにつれてソフトウェアの品質が向上していることを示している。さらにテストが進むと線の傾きは水平に近づいてくる。

以上のようなソフトウェアテストの特性によりバグ収束曲線は通常 S 字型の曲線を描く。テストの実施結果が想定する S 字曲線と大きく乖離する場合、テスト項目やテスト方法に問題がないかなどを確認する。

新たなバグの発見頻度が低下したらテストの終了を検討する。潜在するバグをすべて取り除くことは困難であるため、すべてのバグが修正されなくても致命的なバグや重要な機能の不具合が発見されなくなればリリースを行う判断を下す。

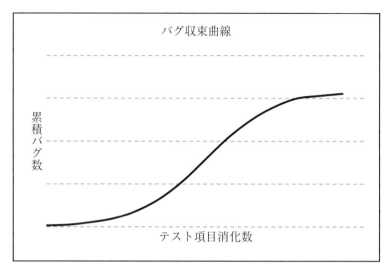

図 8.7 バグ収束曲線の例

## (2) コスト管理

システム開発に関連する作業は **WBS**（Work Breakdown Structure）を用いて階層的に整理・分類される。WBS はプロジェクトを完遂するために必要なすべてのタスクや活動を網羅し、かつ必要とされるタスクのみで構成される。また、WBS には各タスクに要する工数や責任者も記入され、プロジェクト管理の基礎資料になる。表 8.8 に WBS の例を示す。

表 8.8　WBE の例

| レベル 2 | | レベル 3 | | レベル 4 | | 工数（人日） | 責任者 |
|---|---|---|---|---|---|---|---|
| No. | 名称 | No. | 名称 | No. | 名称 | | |
| 1.1 | 業務プロセス設計 | | | | | | |
| | | 1-1-1 | 業務フロー設計 | | | 18.0 | S |
| | | | | 1-1-1-1 | データフロー図 | 4.0 | S |
| | | | | 1-1-1-2 | 業務機能定義書 | 5.0 | S |
| | | | | 1-1-1-3 | 業務機能構成図 | 3.0 | T |
| | | | | 1-1-1-4 | 業務処理概要図 | 6.0 | U |

WBS の各タスクには予算が割り当てられる。予算をもとに進捗を管理する手法として **EVM**（Earned Value Management）がある。

EVM では予定されたコスト **PV**（Planned Value）、実際のコスト **AC**（Actual Cost）、達成された価値 **EV**（Earned Value）の 3 つの指標を使って進捗を管理する。これらの指標を通じてプロジェクトが予定通りに進行しているか、コスト超過や遅延のリスクがあるか等を評価できる。

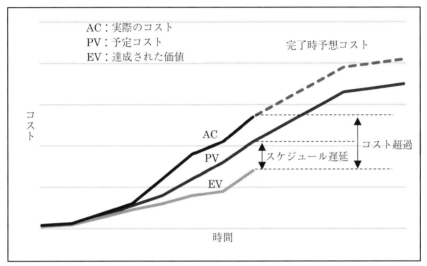

図 8.8 EVM の例

## (3) スケジュール（納期）管理

ガントチャートはスケジュールを視覚的に示すツールである。このチャートは、タスクの開始日、終了日、期間、およびタスク間の依存関係を明確にするのに役立つ。

横軸には時間の経過を示す日付や期間が配置され、縦軸にはタスクや活動が並べられる。各タスクが実施される期間を示す棒グラフが表現され、棒の長さはタスクの開始日から終了日までの期間を示す。依存関係や連続性があるタスクには矢印や線を用いて関連性を示す。

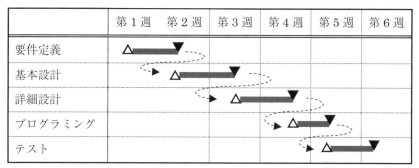

図 8.9　ガントチャートの例

### 8.4.3　人月の神話

#### (1)　ブルックスの法則

　大規模なシステム開発のプロジェクトマネジメントに関する書籍として
フレデリック・P. ブルックス (Frederick P. Brooks) による『人月の神話』[29]
がある。人月とは 1 人の作業者が 1 ヶ月間フルタイムで作業した場合の作
業量である。ソフトウェア開発は労働集約作業であり、コストや進捗の管理
単位として人月が使われる。たとえば、50 人月の作業量は 1 人の作業者が
50 ヶ月、50 人の作業者であれば 1 ヶ月かけて完了できることを意味する。
しかし、ソフトウェア開発では、必ずしも単純な人月計算でプロジェクトを
管理することはできない。

　著者のブルックスはシステム開発プロジェクトが持つ特有の難しさにつ
いて以下のような指摘をしており、これは**ブルックスの法則**と呼ばれる。

＜ブルックスの法則＞
・ 遅れがでているソフトウェアプロジェクトに人員を追加すると、さらに
　 遅延する。
・ チームメンバが増えると、チーム内のコミュニケーションのチャネルが
　 加速的に増加する。このため、大きなチームは小さなチームよりも効率
　 的ではないことが多い。

### (2)　システム開発における制約とプロジェクトリスク

　ブルックスの法則の背景にはシステム開発における**順序性の制約**と**作業間調整の制約**がある。順序性の制約とは、仕事の完成に必要なタスクが順番を守って実施されなければならない場合、タスクを小さな要素に分割しても同時並行で作業することはできないということである。システム開発は要件定義→基本設計→詳細設計→プログラミングのように段階的な詳細化を経る必要があり、後続工程は前の工程で決定した内容をもとにスタートする。この制約は、ある一定以上に作業者数を増やしても完成に要する時間を短縮することは困難であることにつながる。

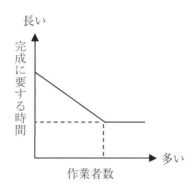

図 8.10　作業者数と完成に要する時間

　また、作業間調整の制約とは、仕事の割り当てが過度に細かく行われると、作業者間で必要な調整が急速に増え、結果的に効率が下がることを意味する。したがって、仕事の割り当てには最適なレベルが存在し、これを超える細分化は開発効率の低下につながる。

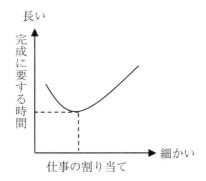

図 8.11　仕事の割り当てと完成に要する時間

　ソフトウェア開発におけるこれらの制約は、ひとたび進捗が遅れると単純な要員追加（人月の追加）で遅れを取り戻すことが難しいことを意味する。また、システム開発プロジェクトの成功条件である QCD は、納期を延期すれば労務費が増加し、納期とコストを守れば品質が低下するといったように相互に影響し合う。システム開発プロジェクトにはこのような特有な難しさがある。

### 8.4.4　システムインテグレーション事業の特徴

　ソリューション（solution）とは企業が経営上抱える問題に対する解決策を意味し、情報技術を利用した解決策を IT ソリューションと呼ぶ。現在、企業で使われている情報システムは IT ソリューションとして開発された情報システムである。IT ソリューションを提供するサービスを**システムインテグレーションサービス**、サービスを提供する企業を**システムインテグレータ**と呼ぶ。

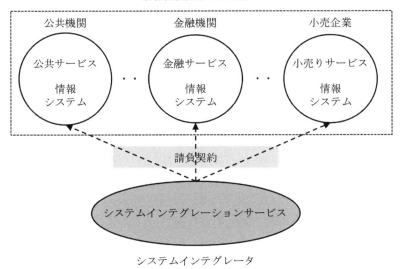

図 8.12　システムインテグレータの位置づけ

　何かを他人に依頼して代わりにやってもらうことを委託という。委託には委任と請負の 2 種類があり、両者には仕事の完成義務を負うか否かの違いがある。委任の場合、受任者は善良な管理者の注意義務を守って行うことを求められるが、仕事の完成には義務を負わない。これに対し請負の場合、請負人は仕事を完成する義務を負い、完成できなければ報酬を得ることはできない。また、仕事が完成してもその内容に瑕疵（欠陥）があれば修復などの責任を負う。システムインテグレータはシステム開発を**請負契約**で行う。したがって、ユーザの要求する仕様に合致するシステムを納入しなければ仕事を完成させたとは見なされない。

　請負契約ではシステムが実現すべき QCD（品質、納期、コスト）に関する合意が含まれる。契約が締結される時点では、システムの詳細は具体化されていないため、システムインテグレータは過去の類似プロジェクトの実施結果をもとに予測を立てる。コストに関してはプロジェクト開始後に発生しうる問題の解決に必要な**コンティンジェンシー**と呼ばれる予算が設定される。見積もりの精度が高い場合、コンティンジェンシーを使う機会は少

なく、また使った場合でもその額を低く抑えることができる。コストがコンティンジェンシーをオーバーしてしまった場合、そのプロジェクトは失敗プロジェクト、あるいは赤字プロジェクトとなる。このため、納期や品質を含め、コストの見積もり精度を高めることはシステムインテグレータにとって重要な経営課題である。

　システム開発は段階的な詳細化を通して実施される。このため前工程で埋め込まれた誤りが後工程で表面化した場合、その修復には多くの作業のやり直しが必要になり QCD の達成に大きな影響を及ぼす。

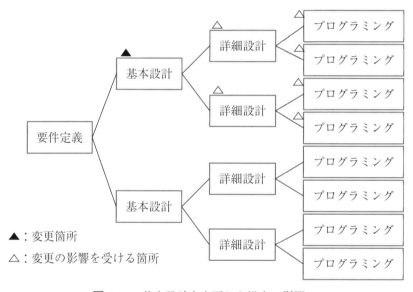

図 8.13　基本設計を変更した場合の影響

　一般に、システム開発における見積もりの精度は開発初期段階において16 倍の誤差がありうるとされる。図 8.14 は**不確実性のコーン**と呼ばれプロジェクトが進行するにつれて見積もり精度が向上することを示す。コーンは QCD のうちの 2 つを固定した場合、他の 1 つの要素の見積もり誤差の程度を表す。横軸はプロジェクトの進捗、縦軸は見積もりに含まれる誤差を示す。

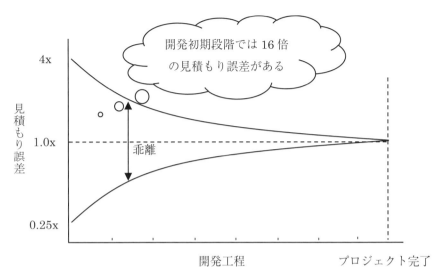

図 8.14 システム開発見積もりの不確実性のコーン[30]

　この不確実性のコーンで表される誤差を縮小することはシステムインテグレータにとって重要な課題となる。そのためには、開発の初期段階で顧客が持つ要求事項を正確に把握する能力が必要になる。この際、顧客自身もすべての要求事項を言葉にして説明することは難しい。また、コミュニケーションには常に理解の齟齬が発生しうることにも考慮しなければならない。

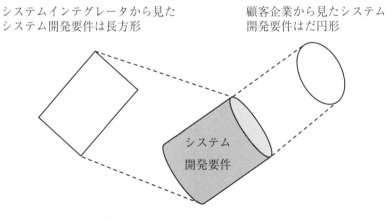

図 8.15 コミュニケーションの齟齬

　このような問題を解決するためには、技術者が顧客が期待する機能や経営上の課題に対する豊富な知識を持つ必要がある。システム開発者が必要な知識を効率的に習得できるよう、システムインテグレータは業種別の事業部制を採用している。業種別事業部制を採用することで、技術者が当該業界の動向や顧客ニーズに関する知識を学習する機会を継続的に確保できる。

　システム開発は極めて労働集約的な事業であり原価の 60％は人件費である。システムインテグレーションは知的作業により付加価値を生み出す事業であり、そのため人材配置、すなわち組織構造が事業効率に大きな影響を及ぼす[31]。

# 第9章　経営と情報システム1

　企業で利用される情報システムの位置づけと発展過程を説明する。マーケティングで利用されるシステム、販売で利用されるシステム、製造で利用されるシステムを取り上げ、その機能や役割について説明する。また、人工知能の活用についても解説する。

## 9.1　企業活動を支える情報システム

### 9.1.1　企業と情報システム

　企業はさまざまな部門で構成されている。各部門はその役割により**ライン部門**と**スタッフ部門**に分けられる。ライン部門は商品の製造や販売を行い、利益を生み出す**プロフィット部門**とも呼ばれる。これに対し、スタッフ部門は人事、法務、総務等のプロフィット部門を支援する業務を担当する。スタッフ部門は基本的に直接的な利益を生み出すための活動は行わないことから**ノンプロフィット部門**とも呼ばれる。また、組織は階層構造を持ち、全社の経営戦略や事業計画を策定するトップマネジメント、各部門の戦略や実行を管理するミドルマネジメントに分けられる。さらに直接業務を行う実務担当がある。図 9.1 製造業における組織の例を示す。

　情報システムは組織の階層や役割毎に独立して存在するのではなく、統合データベースに蓄積されたデータは全組織で利用される。たとえば、ライン部門が管理する販売データはスタッフ部門でもアクセス権限に応じた参照が可能である。また、人事・労務管理システムや会計システムはすべての部門で利用される。

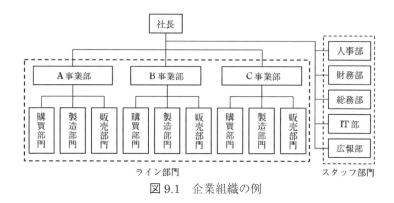

図 9.1　企業組織の例

表 9.1 に企業における情報システムの位置づけを示す。

表 9.1　情報システムの位置づけ

| 階層と役割 | スタッフ部門 | ライン部門 |
|---|---|---|
| マネジメント層 | 企業活動を支える情報システム | |
| 実務担当 | | |

### 9.1.2　情報システムの役割

　製品やサービスを消費者に届けるまでの一連の活動をバリューチェーン（Value Chain）と呼ぶ。バリューチェーンはマイケル・ポーター（Michael E. Porter）がその著書『競争優位の戦略』[32]の中で提唱した概念であり、企業活動における価値創造の連鎖を主活動と支援活動に分けて整理している。

　主活動は利益をあげるための事業活動である。これには原材料の購入を行う購買物流、製造（生産）、出荷物流、販売とマーケティング、そしてアフターケアサービスなどのサービス活動が含まれる。また、支援活動は主活動の効率的な実行をサポートするための活動である。これには財務管理、法律順守などの全体的な事業運営、人事・労務管理、技術開発、資材やサービスの調達などが含まれる。これらの活動は情報システムによって支えられている。

図 9.2　バリューチェーン[32]

### 9.1.3　情報システムの発展

　企業における情報システムの利用は 1950 年代のカード分類機と作表機を用いた**パンチカードシステム PCS**（Punch Card System)から始まった。PCS ではカード穿孔機でデータを記録し、機械で分類・集計する方法が用いられた。1960 年代には、メインフレームコンピュータが登場し、情報システムは**電子情報処理システム EDPS**（Electronic Data Processing System）へと発展した。大量の数値計算を正確に処理する会計や製造などの業務で導入が進んだ。1970 年代には**経営情報システム MIS**（Management Information System）が登場し、データ処理にとどまらず、経営の意思決定を支援する情報システムへの期待が高まった。さらに 1980 年代には**エンドユーザコンピューティング EUC**（End-User Computing）と**意思決定支援システム DSS**（Decision Support System）が導入され、情報システムの利用が実務担当部門へも拡大し業務の効率化が図られた。1990 年代には情報技術を用いて組織や仕事のやり方を根本的に改革する**ビジネスプロセスリエンジニアリング BPR**（Business Process Reengineering）が実施され、情報技術の活用と業務の効率化がさらに進んだ。2000 年代に入るとインターネットを活用した e-ビジネスが普及し、企業間をネットワークで結ぶ**サプライチェーンマネジメントシステム SCM**（Supply Chain Management）が広がった。2010 年代以降は、スマートフォンが普及し、さらに IoT や人工知能などの新技術が登場したことで、

仕事のやり方を根本的に変革する**デジタルトランスフォーメーション DX**（Digital Transformation）が進んだ。

表 9.2 情報システムの発展

| 年代 | 情報システムの発展 |
| --- | --- |
| 1950 年代 | パンチカードシステム：PCS |
| 1960 年代 | 電子情報処理システム：EDPS |
| 1970 年代 | 経営情報システム：MIS |
| 1980 年代 | エンドユーザコンピューティング：EUC<br>意思決定支援システム：DSS |
| 1990 年代 | ビジネスプロセスリエンジニアリング：BPR |
| 2000 年代 | e-ビジネス<br>サプライチェーンマネジメントシステム：SCM |
| 2010 年代以降 | デジタルトランスフォーメーション：DX |

このような情報システムの発展は、既存のシステムの機能を新技術により拡張・強化する過程である。たとえば、初期のデータ処理や分析レポート作成の機能は、現代では人工知能による高度な予測分析により大幅に強化されている。また、初期の情報システムが業務効率の向上やコスト削減を主目的としていたのに対し、現代では経営戦略実現の核としての役割も担っている。このような進歩は技術的優位性を追求し、競争力を高める企業の意思により生み出されている。

## 9.2 マーケティングで利用される情報システム

### 9.2.1 Google 広告

マーケティングは商品やサービスの販売を目的とした活動であり、**マス・マーケティング**から**ターゲット・マーケティング**へと発展してきた。マス・マーケティングでは標準化された製品を大量に生産し、テレビやラジオなどのマスメディアを通じて広範な市場に広告を行う。他方、ターゲット・マーケティングは市場をセグメントに分け、セグメント毎に焦点を当てて販

売活動を展開する手法である。ターゲット・マーケティングの例として Google 広告がある。

　Google は検索結果の表示画面や Google マップなどに広告を表示している。YouTube Partner Program は YouTube のコンテンツ提供者に広告収入の機会を提供している。また、外部サイトも広告手段として利用している。たとえば、ウェブサイト保有者は Google Adsense に参加することで Google から配信される広告を自サイトで表示し収入を得られる。

　表示する広告の選択では、ユーザの検索履歴、広告のクリック回数、コンバージョン率（広告を閲覧した人のうち実際に商品を購入した人の割合）などのデータが使われている。これらのデータを学習した人工知能が、ユーザが関心を持つ可能性が高い広告を選択している。

　Google 広告には表 9.3 に示すようなメリットがある。

表 9.3　Google 広告のメリット

| 項目 | 内容 |
|---|---|
| ターゲティングの精度 | 検索キーワード、人口統計、検索履歴など、多岐にわたる要因に基づいた緻密なターゲティングが可能 |
| 迅速かつ柔軟な対応 | 効果に応じて広告の内容を最適化できる。また、キャンペーンの開始や停止を即時に行える |
| 測定可能性 | クリック数、表示回数、コンバージョン率（広告を閲覧した人のうち実際に商品を購入した人の割合）など、様々な指標を迅速に収集・分析できる |
| 全世界へのリーチ | 国や地域を問わず広範囲なアクセスが可能である |
| 多様な広告形式 | テキスト、画像、動画など、多様な広告形式が利用可能で、商品やサービスに適した形式を選択できる |

## 9.2.2　顧客関係管理システム

　1990 年代以降、顧客一人ひとりとの関係性を重視する**顧客関係管理システム CRM**（Customer Relationship Management）が普及してきた。

　Google 広告の主な目的は新しい顧客を獲得することにある。一方、CRM は、既存顧客との関係を深め、顧客満足度を高めることで長期的なロイヤルティを構築することに焦点を当てている。その目的は、新規顧客の獲得は既存顧客の維持と比べて大きな費用が必要となるため、既存の優良顧客との

取引を増やし、少ないコストで収益を拡大することである。CRM は顧客との接触点（購買履歴やコミュニケーションの記録など）を一元的に管理し、個々の顧客に合わせたマーケティング活動を支援する。

　顧客関係管理で使われる代表的な手法として **RFM 分析**がある。RFM 分析では、以下の3つの指標で顧客のセグメンテーションを行う。

&lt;RFM 分析の指標&gt;
R（Recency：最新購買日）最新購買日からの経過期間
F（Frequency：購買頻度）一定期間における累積購買回数
M（Monetary：購買金額）一定期間における累計購買金額

表 9.4 に RFM 分析による顧客セグメンテーションの例を示す。

表9.4　RFM 分析による顧客セグメンテーションの例

| R（最新購買日） | F（購買頻度） | M（購買金額） | 顧客セグメント |
|---|---|---|---|
| 過去1ヶ月以内 | 30 回以上 | 20 万円以上 | 最優良顧客 |
| 過去1-3ヶ月 | 20 回以上 | 10 万円以上 | 優良顧客 |
| 過去3-6ヶ月 | 10 回以上 | 5 万円以上 | 通常顧客 |
| 過去6ヶ月以上 | 5 回以上 | 1 万円以上 | 離反顧客 |
| 新規顧客（最近の購入） | 1 回 | 初回購入金額 | 新規顧客 |

　たとえば、最新購買日からの経過期間（R）が短く購買頻度（F）と購買金額（M）が大きい顧客は、ロイヤリティの高い優良顧客として、重点的にマーケティングを展開することなどが検討される。通常顧客には、定期的なプロモーションや割引を通じて、さらなる購買を促進することが目標となる。また、購買頻度と金額が低い離反顧客には、再訪問を促すための特別オファーを検討することも考えられる。最新購買日が最近であれば、その人は新規顧客の可能性があり、歓迎のメッセージや初回購入者向けのオファーを提供するなどのマーケティング戦略が考えられる。

### 9.2.3　マーケティングにおける人工知能の活用

#### (1)　ダイナミックプライシングの活用事例

　通常、正月やお盆などの帰省シーズンには航空チケットやホテルの宿泊料金はやや高く設定される。一方、イベントがない平日は割引価格が提供されることがある。このように需給状況に合わせて価格を柔軟に変動させることを**ダイナミックプライシング**という。

　ダイナミックプライシングに人工知能を活用し、過去のデータを学習させて確度の高い需要予測を行うことが可能になる。また、状況が時々刻々と変わる中で素早く価格を変更することも可能できる。取扱商品が数千に及ぶ小売店舗でも、**電子棚札 ESL**（Electronic Shelf Label）を利用し、無線通信を通じて迅速に価格を変更することができる。

　米国でタクシー配車サービスを展開する Uber Technologies,Inc.は人工知能を利用したダイナミックプライシングを採用している。Uber のシステムは、特定地域におけるタクシーの需要と供給をリアルタイムで予測し、そのバランスに応じて運賃を調整する。

　日本でもプロスポーツの観戦チケットのオンライン販売にダイナミックプライシングが導入されている。対戦相手やシーズンの節目などによってゲーム観戦の魅力度が変化するため、過去の観客動員実績を基に詳細な需要予測を行い、価格を随時調整してオンラインで販売している。

#### (2)　ダイナミックプライシングの効果

　一般に、価格が安ければ販売量は増え、高ければ販売量は減る。ダイナミックプライシングはこの原則を活用して、需要と供給の変動に応じて価格を柔軟に変更し機会損失を減らすことで売上を増やす。

　図 9.3 にダイナミックプライシングの効果を示す。

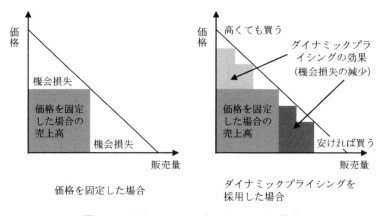

図9.3　ダイナミックプライシングの効果

## 9.3 販売で利用される情報システム

### 9.3.1 販売業務とPOSシステム

　小売店、レストラン、ホテルなどで**販売時点管理システムPOS**（Point of Sales）が利用されている。主な機能として商品の販売支援、在庫管理、顧客データの管理などがある。

　コンビニのPOSシステムは代表例である。多くのコンビニは、高い集客力を持つ繁華街に位置し多品種少量の商品を取り揃えている。頻繁な補充配送により過剰在庫と欠品のリスクを抑えている。約2,500程度の商品が陳列され、その中には消費期限が短い生鮮食品なども含まれている。商品陳列も管理が細かく、天気予報が雨の日には雨具が入り口近くに配置されるなどの工夫がされる。大手コンビニチェーンの1店舗あたりの入店客数は1日に800〜1000人にのぼり、レジでの精算に要する平均待ち時間は数十秒程度と考えられる。

　このような高度なサービスを支援しているのがPOSシステムである。図9.4にPOSシステムを使った販売業務の流れを示す。

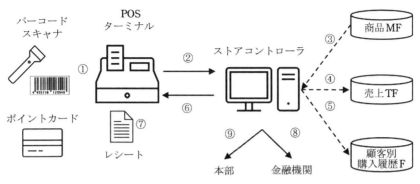

図 9.4　POS システムの処理の流れ

## ＜POS システム処理の流れ＞

① バーコードスキャナで商品ごとにバーコードを読み取る。ポイントカードが使われた場合、カードも読み取る。

② 読み取られた顧客情報と商品コードは POS ターミナルからストアコントローラへ送られる。

③ ストアコントローラは POS ターミナルから送られてきた商品コードをもとに商品 MF（マスタファイル）から商品名や価格を取得する。

④ ストアコントローラは商品毎の販売日時、数量などの販売情報を売上 TF（トランザクションファイル）に記録する。

⑤ ポイントカード等が利用されている場合は、顧客別購入履歴ファイルを更新する。

⑥ ストアコントローラは POS ターミナルへ商品名や価格などの情報を送り返す。

⑦ POS ターミナルに商品名と価格が表示されレシートが印刷される。

⑧ 顧客がキャッシュレス決済サービスを利用した場合、決済サービスを提供する金融機関に対して請求を行う。

⑨ 店舗の販売データは本部のコンピュータへ送られ経営分析に活用される。

　POS システムにより収集された販売データは商品管理に利用される。小売店で扱う商品の売り上げには、通常、商品により大きなばらつきがある。売り上げを伸ばすためには、よく売れている商品について重点的に販売活動を行うことが効果的である。このため **ABC 分析**が利用される。ABC 分析では売り上げへの貢献度を基に、商品を A、B、C の 3 つのカテゴリに分類する。カテゴリ A の商品は最も貢献度が高く特別な注意や管理が求められる。これに対し、カテゴリ C の商品は、種類は多いものの売上に占める割合が小さく管理の優先度が低い商品である。カテゴリ B に属する商品はカテゴリ A と C の間に位置する。

　ABC 分析では**パレートの法則**が応用されている。この法則は「80 対 20 の法則」とも呼ばれる。経済学者ヴィルフレド・パレート（Vilfredo Pareto）によって提唱され「ある現象の 80%の結果は 20%の原因によって生じる」という考え方を意味する。たとえば、経営の文脈では 80%の売上が 20%の商品からもたらされるというように解釈される。この法則を適用することで、経営資源を効果的に使うことができる。

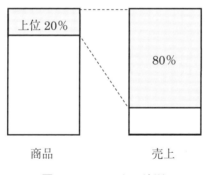

図 9.5　パレートの法則

## 9.3.2　販売における人工知能の活用

### (1)　Amazon Go

　大手コンビニチェーンのレジでの精算に要する平均待ち時間は数十秒程度であるが、少額の買い物の際にこの待ち時間を苦痛に感じる消費者も少な

くない。このため忙しい人の多いビジネス街では予想されるレジ待ち時間の
ために販売機会が失われている可能性がある。近年、小売店ではセルフレジ
の導入により人件費の削減とレジ待ち時間の短縮が図られている。しかし、
顧客自らが精算手続きや袋詰めを行う必要があるため利便性については意
見が分かれる。

　米国ではレジでの精算手続きが不要な店舗が増加している。Amazon.com
が運営するレジのない店舗 Amazon Go は 2016 年に第 1 号店を開設し、そ
の後も店舗数を増やしている。

　顧客は専用アプリをダウンロードしてクレジットカード情報を登録する。
Amazon のアカウントでサインインした後、Store タブをクリックすると最
寄りの店舗が地図上に表示される。店舗を選択すると個人アカウントに関係
付けられたバーコードが表示され、このバーコードを店舗のゲートでスキャ
ンすると入店ができる。気に入った商品を手に取り退店すると、その時点で
自動的に精算が行われる。レジでの支払い手続きは一切不要で選んだ商品を
自分のバッグやポケットに入れたまま退店できる。数分後にはレシートが顧
客のスマートフォンに届く。

図 9.6　商品購入プロセスの比較

　Amazon Go を実現する技術は "Just Walk Out" と呼ばれる。店舗の天
井には数多くのカメラが設置され店舗内の様子を記録している。また、棚に
は商品の総重量の変化を検知する重量変異センサが設置されており、棚か
らピックアップされた商品は、重量の変化とカメラで得られる画像データ
に基づいて識別される。

　Amazon Go を実現するためには、画像認識技術により顧客を入店から退
店まで継続的に識別する必要がある。また、顧客の動きによりその意図を見
分けることも必要である。たとえば、商品を購入しているのか、商品を戻し

ているのかを見分けるためには、行動を認識する技術が必要になる。そのた
め、商品を取る行動が含まれる映像と正確ラベルを使って人工知能に学習
させ、正確な行動認識ができるようにする。Amazon Go では、行動認識に
このような教師あり学習が使用されていると考えられる。

(2)　レコメンデーション

　オンラインショッピングの強みの 1 つは品揃えの豊富さである。豊富な
品揃えを 1 つの場所で見ることができれば、店舗やサイトを巡る手間を節
約できる。また新しい商品やブランドを発見するチャンスも増える。巨大な
品揃えの中で、顧客の関心を引き付ける商品を効果的に提示するレコメン
デーションに人工知能が使われている。

　レコメンデーションの手法には**コンテンツベースフィルタリング**と**協調
フィルタリング**がある。コンテンツベースフィルタリングは、顧客の過去の
購入履歴や興味を示した商品の特徴（たとえば、ブランド、ジャンル、スタ
イルなど）を分析して、似た特徴を持つ商品を推薦する手法である。たとえ
ば、「あなたが以前に購入した商品と類似している商品には、以下のような
ものがあります」という推薦スタイルをとる。

　これに対して協調フィルタリングは、似た好みを持つ顧客グループを特
定し、そのグループの好みを基に推薦を行う。たとえば、「あなたが購入し
た商品に関心を持つ人は、以下のような商品も購入しています」という推薦
スタイルをとる。このように、協調フィルタリングでは、他の多くの顧客の
嗜好がレコメンデーションに反映されるため、顧客は自分自身が気づいて
いなかった好みを発見する可能性がある。

　両方の手法に共通する課題として**コールドスタート問題**がある。これは、
新商品や新しい顧客については利用できるデータが少ないため確度の高い
レコメンデーションが難しいという問題である。しかし、コンテンツベース
フィルタリングでは、新顧客に対しても、顧客が最初に興味を示した商品と
類似した商品をレコメンデーションすることは可能である。これに対して、
協調フィルタリングは、顧客の行動履歴データに依存するため、新顧客に対
しては効果を発揮しにくい。このため、一般に、協調フィルタリングの方が
コールドスタート問題の影響を受けやすいとされる。

表9.5 レコメンデーション手法の比較

|  | コンテンツベース<br>フィルタリング | 協調フィルタリング |
|---|---|---|
| メリット | 自分の好みと類似した商品やサービスの推薦を受けられる | 顧客自身が気づいていない、新しい好みや興味を発見する可能性がある |
| デメリット | 自身の行動履歴を基にした推薦が繰り返され、行動履歴の枠を超えた推薦が難しい | 新顧客や新商品についてはコールドスタート問題が顕著になる |

　コンテンツベースフィルタリングでは、人工知能は商品の特徴を基に類似性を評価する。たとえば、映画を推薦する際には、ジャンル、監督、出演者などの特徴が考慮される。

　これに対し、協調フィルタリングでは、人工知能が顧客の商品評価を分析し、似た評価や選択をした顧客のグループを特定する。表9.6は顧客の商品評価の例であり、☆印は高評価を示す。顧客2と4を類似性の高い顧客グループ、顧客1と3と5を別の類似性の高いグループとする。同じグループに属する他の顧客によって購入された商品が、そのグループに属する当該商品未購入の顧客に推薦される。この例の場合、たとえば、顧客4に対して商品Eを、顧客5に対して商品Bを推薦することが考えられる。

表9.6 顧客の商品評価の例

|  | 商品A | 商品B | 商品C | 商品D | 商品E |
|---|---|---|---|---|---|
| 顧客1 | ☆ | ☆ |  |  | ☆ |
| 顧客2 |  |  | ☆ | ☆ | ☆ |
| 顧客3 | ☆ | ☆ |  |  |  |
| 顧客4 |  |  | ☆ | ☆ |  |
| 顧客5 | ☆ |  |  |  | ☆ |

☆は商品に対する顧客の高評価を示す。

　多様な商品を扱い、大量の顧客データを持つオンラインショッピングサイトでは、人工知能の利用により、商品の購入履歴、閲覧履歴、商品レビュー、検索キーワード、未購入のカート商品、ウィッシュリスト商品など、多

岐に渡るデータが蓄積されるため、この膨大なデータを人工知能で分析することで、商品や嗜好の類似性をもとにした確度の高いレコメンデーションが実現されている。

## 9.4　製造で利用される情報システム

### 9.4.1　製造と MRP システム

製品設計にはじまり品質検査に至るプロセスを生産という。その中で資材・部品の加工、製品の組立、品質検査を中心とする活動は製造と呼ばれる。

図 9.7　生産プロセスにおける製造の位置づけ

製造は原材料や半製品を特定の形状に加工して組み立てる**加工組立型**（アッセンブリ型）と、一連の工程を通して原料を製品に変化させる**プロセス型**の 2 つに大別される。加工組立型には、数値制御の **NC 工作機械**が使われる。一方、プロセス型では化学プラントや溶鉱炉の温度調整や材料の投入量と投入タイミングを制御する情報システムが利用される。これらのシステムに加え、計画に合わせて効率よく生産を行うための**資材所要量計画システム MRP**（Material Requirements Planning）が利用される。

MRP は 1960 年代に導入され、**部品表**を基に製品の製造に必要な資材量、部品数、加工時間等を計算するシステムである。また、工場での作業に必要なさまざまな帳票類を随時作成し製造の支援を行う。部品表は製品の組み立てに必要な部品や材料の構成を示し生産計画の基盤となる。

図 9.8 に調達、加工、組立と部品の関係を表す製造部品表の例を示す。部品 x、材料 m1、m2 は調達、部品 y1 と y2 は調達した材料を加工して作る。また、部品 y は部品 y1 と y2 を組み立てる。さらに製品 z は部品 y と調達した部品 x を組立てることが示されている。

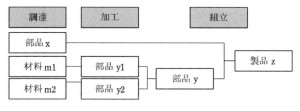

図 9.8　製造部品表の例[33]

　発注から納入までの調達を要する時間を**調達リードタイム**、部品の加工や組立を開始してから終わるまでの時間を**加工・組立リードタイム**と呼ぶ。部品や材料の種類ごとにそれぞれ固有のリードタイムがあり生産計画ではこれらを考慮する必要がある。また、一定の数量をまとめて製造するとコストの削減が見込める場合がある。この作業単位を**ロット**と呼び、その数量を**ロットサイズ**という。MRP ではロットサイズも考慮した計画が立てられる。

　効率的に製造するためには、必要な資材や部品を事前に調達する必要がある。多くの部品で構成される製品の場合、納期までに製品を用意するために複雑な計算が必要になる。たとえば、自動車製造のように部品数が数万点に及ぶ場合、製造計画の作成には膨大な量の計算が必要になる。さらに、工場での日々の業務割り振りや要員の確保などもあり、これらの管理を効率的に行うために MRP システムが利用されている。製造の現場では MRP システムが出力する**製造指図書**に基づいて日々のオペレーションが実施される。製造指図書には工場の作業区ごとの時間刻みの作業計画が詳細に記載される。計画の変更が生じた場合も、即座に製造指図書の変更が可能である。

製造指図書（工程明細）

製造 No.：P00200
品目：品目 AA
指示数：1,500

| SQL | 開始日時 | | 工程 | 作業区 | 指示数 |
| --- | --- | --- | --- | --- | --- |
| 001 | 09/03 | 09:00 | 組立 01 | - | 1,500 |
| 002 | 09/05 | 09:00 | 加工 02 | 加工 03 | 2,500 |
| 003 | 09/05 | 14:00 | 仕上 | - | 4,500 |

図 9.9　製造指図書のイメージ

### 9.4.2　製造における人工知能の活用

　原材料の投入量と生産量の比率を**歩留まり**と呼ぶ。歩留まりを向上させるには不良品が生産される原因を解明し解決することが必要である。このために人工知能が利用されている。

　食品や化粧品など多くの材料を加工して製造する場合、工場や機械の稼働条件によって不良品の発生率が異なる場合がある。そこで、製造過程における工場の温度や湿度、製造機械の振動や音などをセンサで計測し、製品の品質データと組み合わせて人工知能に学習させる。これによりどのような条件が製品の品質に影響を及ぼすかを把握し、人為的に環境を調整することで歩留まりの向上が図れる。

　また、機械部品や日用品を製造する工場では製造工程で発生した不良品を見つけるために人工知能を利用した画像認識が導入されている。日々大量に製造される商品について、人の目で良品と不良品を見分けるには限界がある。大量の良品と不良品の画像データを用意し、これをもとに人工知能に違いを学習させることで不良品を検出することが可能になる。

# 第10章　経営と情報システム 2

　企業で利用される情報システムについて説明する。具体的な例として人事・労務管理で利用されるシステム、製品開発で利用されるシステム、調達・購買物流で利用されるシステム、サービスで利用されるシステムを取りあげ、その機能や役割を説明する。また人工知能の活用事例についても解説する。

## 10.1　人事・労務管理で利用される情報システム

　人事管理は人材の確保、配置、育成、評価に関わる業務である。また、労務管理は給与、福利厚生などの労働条件や出勤、休暇などの勤務状況に関する業務を意味する。人事・労務管理の目的は組織内の人材を最適に活用し、従業員がその能力を最大限に発揮できる環境を整備・維持することである。

### 10.1.1　就業管理システム

　多くの企業は人事・労務管理に**就業管理システム**を導入しており、従業員はパソコンやスマートフォンを利用して日々の勤務状況を入力する。たとえば、出勤・退勤時刻や、実施した業務分類を示す**WBS コード**などが記録される。WBS コードはプロジェクトを構成するタスクを識別するためのコードであり、これをもとにプロジェクトの進捗やコスト管理が行われる。また、システムには通知機能も組み込まれ、残業時間が限度に近づく、あるいは、休暇残日数が少なくなった際には本人や管理者に通知される。残業や休暇、出張経費の申請なども就業管理システムを用いて行われる。入力されたデータは、人事・労務管理の基礎データとして利用される。

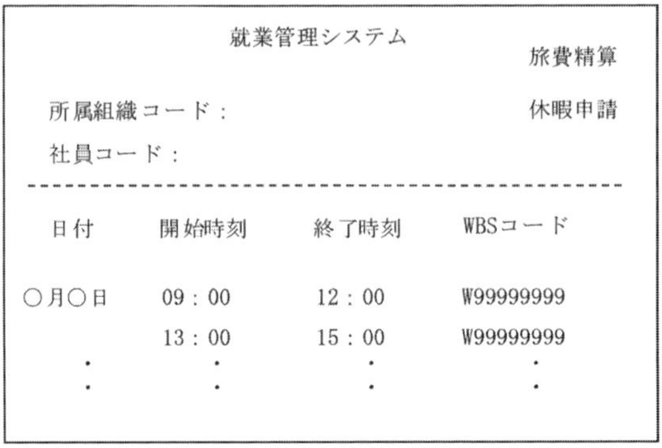

```
                    就業管理システム
                                        旅費精算
     所属組織コード：                    休暇申請
     社員コード：
     ---------------------------------------------
     日付     開始時刻    終了時刻    WBSコード

     ○月○日    09：00     12：00     W99999999
                13：00     15：00     W99999999
             ・         ・         ・         ・
             ・         ・         ・         ・
             ・         ・         ・         ・
```

図 10.1　就業管理システムの画面イメージ

## 10.1.2　人事データベースの利用

　人事・労務管理では人事データベースが中心的な役割を果たす。このデータベースには従業員の氏名、住所、生年月日、入社日などの基本情報に加え、担当した職務、役職、所属部署や昇進の履歴なども記録される。人事データベースの個人情報には徹底したアクセス管理が行われる。

　人事情報をデータベースで一元管理することで、人事・労務管理の効率が向上する。また、従業員のデータの可視化が可能となり経営の意思決定に活かすことができる。たとえば、従業員数や管理職比率をもとに、5 年後に予想される社員の年齢構成や人件費などをシミュレーションできる。また、個々の社員が持つ業務経歴やスキルを登録することで人材配置を最適化することができる。

## 10.1.3　人事・労務管理における人工知能の活用

　職場における対人関係や生活環境の問題は、従業員のプライバシーに関わるため面談では探りにくい場合がある。この課題に対応するため人工知能が利用されている。人工知能は、社員が書いた文書や面談シートを分析し、言葉遣いや文脈から辞職や過度なストレスの兆候を検出する。具体的には、接続詞や助詞などの細かな言語要素を分析し、過去に退職した従業員や精神的な問題を抱えていた従業員の文書と比較することで、潜在的な問題の

兆候を見つけ出す。人工知能によって「予兆あり」と判断された従業員に対し特別なサポートを提供し、労働環境の改善に向けた早期の支援が可能となる。このような取り組みは、従業員の福利厚生、及び職場環境の改善に役立つ。その他、人事・労務管理における人工知能の活用事例を表 10.1 に示す。

表 10.1　人事・労務管理における人工知能の活用事例

| 項目 | 概要 |
|---|---|
| 採用活動 | 履歴書や職務経歴書の内容を人工知能で解析し、企業が求めるスキルや経験に合致する候補者を選出する |
| 育成・研修 | 従業員のスキルやキャリアの進行状況を分析し、最も適切な研修プログラムやコースを推薦する |
| 人材管理 | 才能やリーダーシップの潜在能力を持つ従業員を特定する。将来のリーダーやマネージメント職への昇進候補者を見つけ出す |
| 労務リスクの予測 | 過去のデータや従業員のフィードバック、業界のトレンドなどを基に労働問題や紛争、ストライキなどの労務リスクを予測する |

## 10.2　製品開発で利用される情報システム

　製品開発とは、技術やアイデアを市場のニーズ（需要）に結びつけ、新しい製品やサービスを創造することである。製品開発は以下の 3 つの指標で評価され、情報システムは製品開発の QCD を向上するために利用される。

＜製品開発の QCD＞
・Q（Quality）製品品質：魅力的な商品を開発すること
・C（Cost）開発生産性：低コストで開発すること
・D（Delivery）開発期間：できるだけ短い期間で開発すること

### 10.2.1　製品開発と情報システム

　製品開発は図 10.2 に示す 5 つのプロセスで実施される。主に、製品設計、

試作、生産設計において、**コンピュータ支援設計 CAD**（Computer Aided Design）、**コンピュータ支援製造 CAM**（Computer Aided Manufacturing）、**コンピュータ支援エンジニアリング CAE**（Computer Aided Engineering）、**製品データ管理 PDM**（Product Data Management）などのシステムが利用されている。

図 10.2 製品開発のプロセス

表 10.2 就業管理システムの画面イメージ

| プロセス | 作業概要 |
|---|---|
| 製品企画 | 製品の基本仕様（機能）を決定する。製造に必要な設備、発売時期を計画し、販売量の予測、収益性を検討する |
| 製品設計 | 製品企画で決めた基本仕様を実現するために必要な、製品の物理構造を図面に表現する。図面には、製品の機構や部品の形状、寸法、材質などが記載される |
| 試作 | 図面に従い、製品の機能やユーザインタフェースを具体化した試作品（プロトタイプ）を作成する |
| 生産設計 | 量産に向けた製造工程の最終チェックを行う。製造上の問題が発見された場合、設計部門に設計の変更を要請する |
| 生産準備 | 生産に必要な工場のレイアウトを設計し機械設備の調達を行う |

以下に各システムの概要を説明する。

（1）CAD

主に製品設計で利用される。3 次元の形状モデルにより製品の外観や機能を立体的に視覚化し、高い精度で複雑な設計を行うことができる。設計データを共有し、複数の人が同時に製品開発に取り組むことを可能にする。

（2）CAE

CAD によって生成された設計データを利用し、製品の性能上の問題（強度、精度、可動性など）をもたらさないかシミュレーションして確認することができる。設計段階での性能評価や問題解決を支援し、製品の品質向上とより良い設計を可能にする。

## （3）CAM

主に試作や生産で利用される。CAD で作成された設計データを利用し、数値制御の **NC 工作機械**を使って機械工具を自動的に制御し複雑な形状の製品でも正確に製造できる。CAD と組み合わせることで製品開発と生産までのプロセスをシームレスに連携し効率化できる。

## （4）PDM

CAD で作成されたデータや文書の管理を行い、設計、試作、検証チーム間のデータ共有を可能にする。文書のバージョンや変更履歴などを管理し、設計から製造に至るまでの設計情報の整合性を保つ。

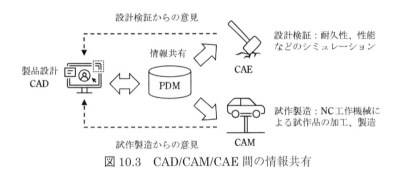

図 10.3 CAD/CAM/CAE 間の情報共有

製品の品質や製造コストは製品開発の段階で 80%以上が決まり、生産に入ってから可能な調整は 20%程度とされる。このことは、品質向上や製造コストの引き下げには、製品開発段階での取り組みが効果的であることを意味する。

設計データの共有は、検証や試作を設計と並行して進めることを可能にする。これにより、製品開発と生産を行うチームが協力して、問題を早期に発見し、後続の製造段階で発生しうる品質やコストの問題を取り除くことができる。同時に、開発期間の短縮も可能となる。このように複数のプロセスを並行して進める手法を**コンカレントエンジニアリング**と呼ぶ。

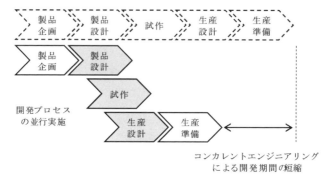

図 10.4 コンカレントエンジニアリングによる開発期間の短縮

## 10.2.2 製品開発における人工知能の活用

新製品の開発では新しい材料や技術の発見・創造が不可欠である。エジソンによるフィラメントの開発の逸話によれば、エジソンは照明に適した材料を見つけるため、膨大な数の素材を使って実験したとされる。新しい素材や化学物質を開発する際、研究者は何千、何万という候補から目的に合ったものを見つけ出す必要があり、膨大なコストと時間が必要になる。新薬の開発においては有望と見られる候補のうち、製品化に至るのは数万分の 1 に過ぎず、開発期間が 10 年を超えることも珍しくないとされる。

人工知能は大量のデータを学習し予測モデルを構築する能力を持っている。化学物質の分子構造とその化学物質がもつ治療効果や毒性に関する大量のデータを学習させることで、新たな化学物質が新薬としての効果を発揮するか、あるいは副作用を持つリスクがあるか等を予測することができる。また、クラスタリングを利用することで、有効性が確認されている既知の化学物質と同じクラスタに属する未知の化学物質を見つけ出すことが可能となる。同じクラスタに属することは何らかの類似性を持つことを意味するため有望な化合物を絞り込むことができる。

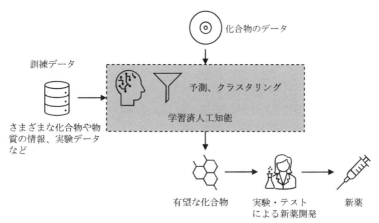

図 10.5　新薬開発における人工知能の活用イメージ

## 10.3 調達・購買物流で利用される情報システム

　調達とは企業が必要とする資材やサービスを確保する活動を意味する。供給者との価格交渉、契約の締結、発注、資材やサービスの受け取りなどの業務がある。一方、購買物流は購入した資材やサービスを所定の場所（たとえば、工場や倉庫）に運搬し、配置する一連の流れを意味する。供給者からの資材の受け取り、輸送、保管などが含まれる。調達・購買物流の役割は、コストを最小限に抑えつつ、適切なタイミングで必要な資材やサービスを必要な場所に確実に届けることである。

### 10.3.1 電子データ交換

　企業間で取引を行う場合、さまざまな文書の交換が必要になる。図 10.6 に企業間での文書交換の例を示す。

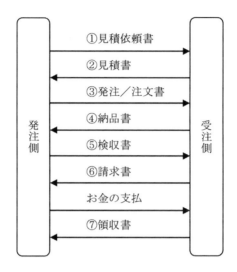

図 10.6　企業間での文書の交換の例

表 10.3　文書の概要

| 文書名 | 内容 |
|---|---|
| 見積依頼書 | 特定の商品やサービスの価格情報を求める文書 |
| 見積書 | 商品やサービスの価格や内容を記載した文書 |
| 発注・注文書 | 商品やサービスの購入の意向を供給者に伝える文書 |
| 納品書 | 供給者が商品やサービスが注文通り正しく届けたことを示す文書。内容や数量を確認するために使用される |
| 検収書 | 納入された商品やサービスが契約や注文通りであることを発注者が確認し受け入れたことを示す文書 |
| 請求書 | 商品やサービスの提供後に支払いを求めるための文書 |
| 領収書 | 金銭の受取りを確認し記録するための文書で、支払いが完了したことを示す文書 |

　調達・購買物流業務では、文書を電子化しネットワークを介して交換することで業務の効率化が図られている。文書を電子データでやり取りする場合、どの項目をどのような形式に電子化するか決める必要がある。この際、限られた1社とのみ取引するならば問題はない。しかし、通常、多くの企業と取引をする必要があり、データ形式が企業毎に異なる場合、データ形式の

数だけ情報システムを用意しなければならないという問題が発生する。

たとえば、図 10.7、図 10.8 に示すように、A 社と B 社で注文書の様式が異なる場合がある。A 社では注文日と納品希望日を和暦で扱い、商品コードは半角英数字で表している。これに対して B 社では注文日は西暦、注文希望日は記載しない。また、品名がアルファベットとカタカナで表記されている。扱う項目とデータ形式が異なる文書を交換するには、A 社用と B 社用でそれぞれ異なるシステムを開発する必要がある。

図 10.7　A 社注文書の例

図 10.8　B 社注文書の例

このような問題を解決するのが**電子データ交換 EDI**（Electronic Data Interchange）である。EDI ではデータの内容や形式が決められており、標準 EDI に準拠した情報システムを持つ企業同士は文書交換を 1 つのシステムで行うことができる。

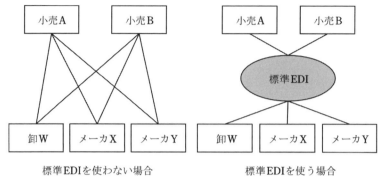

図 10.9 標準 EDI の役割

EDI には、EDIFACT や ANSI X12 のような、多くの業界や国際間の取引に適用される一般的な規格と業界別の特定ニーズに特化した規格がある。

表 10.4 EDI の例

| 分類 | EDI 名 | 説明 |
|---|---|---|
| 一般的な EDI | EDIFACT | 国連が支援する国際的なビジネスデータ交換のための標準 |
| | ANSI X12 | 北米を中心に使用され、幅広いビジネス取引に適用可能 |
| 業界別 EDI | VDA | ドイツの自動車産業向けの EDI 規格。国際的に広く利用されている |
| | JAMA/JAPIA | 日本の自動車産業向けの EDI 規格 |
| | SWIFT | 金融業界特有のデータ交換プロトコル。国際的な銀行間の金融取引に使用される |
| | 流通 BMS | 日本の小売業界で使用される EDI 規格。商品の注文、納品、請求などで使用される |

### 10.3.2 サプライチェーンマネジメント

商品が最終消費者に届けられるまでには、資材の供給業者から生産者、卸売業者、物流業者、小売業者など、さまざまな企業の連携が必要になる。資材の供給から最終消費者に至る企業横断的な連携を「供給（Supply）の連鎖（Chain）」ととらえサプライチェーン（Supply Chain）と呼ぶ。

　企業間をネットワークで結び受発注や販売に関する情報を共有することで、サプライチェーン全体の効率を高める経営コンセプトを**サプライチェーンマネジメント SCM**（Supply Chain Management）と呼ぶ。また SCM を支える情報システムを**サプライチェーンマネジメントシステム**という。

　EDI は企業間での文書やデータの電子的な交換を可能にする技術である。注文書、請求書、出荷通知などのビジネス文書を紙ではなく電子的に交換することで、プロセスを迅速化し誤りを減らすなどの効果がある。図 10.10 に EDI により企業間の発注システムと受注システムを連携させる SCM システムのイメージを示す。

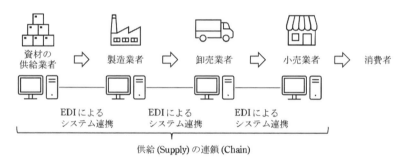

図 10.10　EDI により企業間のシステムを結ぶ SCM システム

　SCM では情報の共有が不可欠であり EDI が中心的な役割を果たす。EDI は異なる企業のシステム間の情報交換を効率化・自動化する技術であり特に資材や部品を供給する多数の企業と頻繁に取引を行う企業にとっては欠かせないツールである。一般に、あるプロセスや活動が開始されてから完了するまでの時間を**リードタイム**と呼ぶ。EDI により資材の発注から納入までに要するリードタイムを短縮できる。リードタイムが短い場合、注文を受けてから生産を開始すれば間に合うケースが増えるため在庫削減が可能となる。さらに、EDI を通じて商品の詳細、価格、需要予測などの情報が共有されることで、各企業は精度の高い需要予測を基にした事業展開が可能になる。

表 10.5   SCM システムの主な目的

| 目的 | 内容 |
|---|---|
| リードタイム短縮 | 資材調達から製品の納品までの時間を最短化する |
| コスト削減 | 購入、製造、輸送、保管などサプライチェーンに関連するコストを削減する |
| 在庫最適化 | 過剰在庫と在庫不足を防ぎ、在庫管理を効率化する |
| 情報共有と可視化 | 情報共有による分析と可視化により意思決定の精度を向上させる |

表 10.6   リードタイム短縮の効果

| 顧客が求める納期 | リードタイム | 在庫 |
|---|---|---|
| 12 日 | 15 日 | 必要 |
|  | 10 日 | 不要 |

### 10.3.3   電子商取引

　EDI の歴史は古く 1970 年代には運輸業や小売業などの業界団体が EDI の標準化を開始した。2000 年代に入ってインターネットが普及すると企業間のデータ交換はさらに加速した。インターネットを利用した企業間取引は B2B と呼ばれる。EDI を使った企業間取引は B2B の一形態と考えられるが、インターネットが普及する前から利用されている EDI は、専用のネットワークとソフトウェアを利用する情報システムであり、Web システムを利用する企業間取引とは利用技術が異なる。現在 Web システムによる EDI への移行が進んでいる。

　**企業間取引 B2B**（Business toBusiness）は売り手主導の B2B、買い手主導の B2B、売り手と買い手がそれぞれ複数参加する e-マーケットプレイスに分けられる。

### (1)   買い手主導の B2B

　買い手主導の企業間取引では、買い手が Web サイトを運営し取引を希望する供給者が売り手として参加する。このような取引形態を**逆オークション**という。売り手が商品を提供し、複数の買い手が競る通常のオークションに対し、逆オークションでは買い手が売り手を選ぶ。売り手の競合により、

より良い条件での購入が期待できる。自動車や電機メーカーが運営する部品調達のサイトや政府調達の競争入札は逆オークションの一形態である。

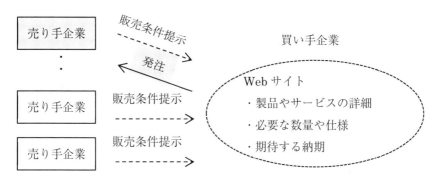

図 10.11 買い手主導の企業間取引 B2B

## (2) 売り手主導の企業間取引 B2B

売り手主導の企業間取引では、売り手側が Web サイトを運営し自社の商品を販売する。サイトでは、取り扱う商品の説明、技術仕様、価格情報などが提供される。また、顧客のレビューや成功事例の共有により、商品の信頼性と実績を示す情報も提示される。さらに、注文や配送に関する手順、特別なプロモーションや割引情報など、買い手企業にとって有用な情報を提供し購入の意思決定を支援する。自社が運営するサイトで法人向けのオフィス用品を販売するアスクルなどの例がある。

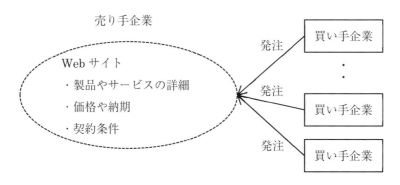

図 10.12 売り手主導の企業間取引 B2B

## (3)　e-マーケットプレイス

　e-マーケットプレイスは多数の売り手と買い手が集まるオンラインの取引市場である。通常、運営組織は自社の製品を販売せず、すべての売り手と買い手に対して公平な取引機会を提供する。公正な取引環境を作ることで信頼性が向上し取引の成立が促進される。商品やサービスの価格や条件が公開されるため、買い手は複数の売り手が提供する商品を客観的に比較し、最適な選択が可能になる。一方で、売り手は幅広い顧客層に対する販売機会を得る。アマゾンの法人向けのサイトの例がある。

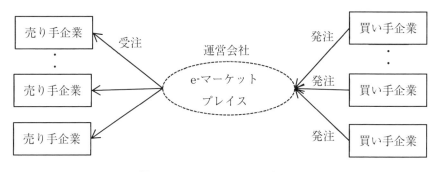

図 10.13　e-マーケットプレイス

## 10.3.4　調達・購買物流における人工知能の活用

　在庫が過剰になると保管スペースの不足や品質低下に伴う商品の廃棄が発生する。一方、在庫が不足すると資材不足のため販売機会を失う場合がある。このため、適切な量をタイムリーに発注し、最適な在庫を確保することが必要である。

　在庫管理の方法には主に**定期発注方式**と**定量発注方式**の 2 つがある。定期発注方式では決められた発注間隔で、その都度需要予測を行い発注する。メリットとして、適切な在庫量を維持しやすい点があげられる。一方、定量発注方式は在庫が一定の量（発注点）まで減少したときに、あらかじめ決められた量を発注する方式である。発注に伴う事務処理が比較的単純であるが、需要の変動が大きい場合、品切れを回避するには在庫量を増やす必要がある点がデメリットとされる。

予測以上に商品が売れると品切れが発生する。品切れを避けるためには、一定の余裕を持った在庫を確保することが必要であり、そのような在庫を**安全在庫**と呼ぶ。定期発注方式と定量発注方式は安全在庫を下回らないようにしつつ、最小限の在庫を維持することを目指している。しかし、両方式にはメリットとデメリットがあり課題が存在する。近年、人工知能を使った**自動発注システム**が利用されている。

人工知能を活用した自動発注システムでは、過去の販売データ、季節性、トレンド、市場の動向など多様な要因を考慮した予測が可能である。需要予測を元に最適な発注量や発注タイミングを自動的に決定する。これにより、人間が行う発注の手間やミスを減らし、在庫の過剰や不足の問題を効果的に軽減できる。

人工知能による需要予測では図 10.14 のような正解ラベル付きの学習データが利用される。

| 日付 | 商品ID | カテゴリ | 価格 | プロモーション | 季節 | 曜日 | 休日 | 前日の販売数量 | 7日平均販売数量 | 特別イベント | 在庫レベル | 実際の販売数量（正解ラベル） |
|---|---|---|---|---|---|---|---|---|---|---|---|---|
| 2023/1/1 | A001 | 食品 | ￥100 | なし | 冬 | 日 | はい | 45 | 50 | なし | 高 | 50 |
| 2023/1/1 | A002 | 衣料品 | ￥200 | あり | 冬 | 日 | はい | 78 | 72 | セール | 中 | 80 |

図 10.14　正解ラベル付き学習データの例

実際の販売数量を正解ラベルとし、以下のような特徴量を使った学習を行う。特に、前日の販売数量や過去 7 日間の平均販売数量などの短期間のデータ、及び特別イベントのような特定日に関する情報は、予測の精度を高めるための重要な要素となる。これらの多様なデータを迅速に処理し予測を行う能力が人工知能のメリットである。

＜特徴量＞
- カテゴリ：商品の分類（例：食品、衣料品、家電など）
- 曜日：購入が行われた曜日。購入傾向は曜日毎に異なる場合がある

- 休日：その日が休日か
- 前日の販売数量：前日に販売された商品の数量
- 7 日平均販売数量：過去 7 日間の平均販売数量
- 特別イベント：その日に特別なイベントやセールが実施されたか
- 在庫レベル：在庫の量。例：低、中、高

## 10.4　出荷物流で利用される情報システム

### 10.4.1　出荷物流と情報システム

　出荷物流とは、受注した商品を在庫から取り出し発注元へ運ぶ活動である。オンラインでの取引が増え、取り扱う商品は増加の一途をたどっている。また、到着日時指定や配送中の温度管理などに対する要求も一段と高くなっている。このような背景を受けて情報システムを活用し、出荷物流の効率化が図られている。図 10.15 に出荷物流業務の流れを示す。

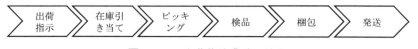

図 10.15　出荷物流業務の流れ

　出荷物流では、受注管理システム、在庫管理システム、倉庫管理システム、輸送管理システムなどが利用される。受注管理システムは顧客からの注文情報を受け取り、必要な商品とその数量を記録する。この注文情報は倉庫管理システムへ伝達され、注文が入った商品を倉庫の棚から取り出すためのピッキングリストとして出力される。リストには、商品の品番、数量、保管場所などの詳細が記されている。ピッキング、検品を経て梱包された後、出荷のための運送方法やルートが決定される。輸送管理システムは、輸送計画、配送追跡、および運送ルートの最適化などを行う。選ばれた運送業者が商品を配送しその途中の状況は輸送管理システムで追跡が可能である。このようにして商品は顧客のもとへ届き受注から配送までのプロセスが完了する。

図 10.16　出荷物流の流れ

## 10.4.2　出荷物流における人工知能の活用

　大手オンラインショッピングの配送センターはサッカーグラウンドの 10 倍程度の広さがあるといわれる。これらの巨大なセンターに保管されている膨大な商品を効率よくピッキングするために人工知能が利用されている。

### ＜人工知能の利用と機械学習の概要＞

### (1)　購入組み合わせの予測に基づく商品配置

　過去の販売データやトレンドを基にして、一緒に購入される確率が高い商品をピッキングしやすい近い場所に保管する。季節性が強い商品やプロモーション中の商品は同時に購入される可能性が高いため効果的である。

### (2)　ピッキングルートの最適化

　大手ショッピングサイトでは数万から数十万の商品を扱うため、全ての商品の購入の組み合わせを予測し、それらを物理的に近い位置に保管することは困難である。このため、最も効率的なピッキングルートを見つけるために人工知能が利用されている。

### (3)　ロボットによる商品の取り出しと梱包

　高精度なセンサやカメラを搭載した人工知能ロボットを使用し、商品の形状やサイズ、位置を正確に識別する。また、形状や大きさに合わせて商品の安全性を確保しつつ確実にピッキングと梱包を行う。

表 10.7　機械学習の概要

| 目的 | 学習の種類 | 内容 |
|---|---|---|
| 購入組み合わせの予測に基づく商品配置 | 教師あり学習（予測） | 顧客の購入履歴データを使用し、購入の組み合わせを正解ラベルとして学習する |
| ピッキングルートの最適化 | 強化学習（探索・最適化） | 最も効率的なルートを探索するために、移動距離やピッキング時間の短さなどをもとに報酬を設定する |
| ロボット技術を利用した商品の取り出し | 強化学習（探索・最適化） | ロボットが商品を取り出す動作を試行錯誤を繰り返しながら学習する。取り出しの成功率や動作の速さなどが報酬として設定される |
| 商品の大きさに適応した梱包 | 教師あり学習（分類） | 商品のサイズや形状など過去の梱包データを正解ラベルとして学習する |

## 10.5　サービスで利用される情報システム

　サービス業務にはアフターサービスや顧客からの問い合わせ対応などがある。また、製品やシステムの配置、初期設定、カスタマイズなど、個々の顧客のニーズに合わせたサービスも重要である。さらに、顧客からの意見や感想を収集し、製品やサービスの改善に活かす活動も行われる。これらの活動を支援するために情報システムが使われている。

### 10.5.1　コンピュータ電話統合システム

　サービス業務では、顧客の問い合わせに対応するチャットボットなどの人工知能を搭載したシステムが利用されている。しかし、顧客固有の条件に関連する問い合わせや緊急を要する状況では、人間による状況判断と理解が必要になる。そのため多くの企業ではコールセンターと呼ばれる人間のオペレータが問い合わせに対応する専門部門を設けている。コールセンターでは、コンピュータ電話統合システム CTI（Computer Telephony Integration）が利用されている。

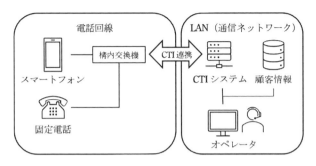

図 10.17　CTI システムの構成

　CTI は電話回線による通話と通信回線を使うコンピュータ処理を連携させるシステムであり、顧客満足度やオペレータの作業効率の向上に貢献している。また、顧客とのコミュニケーションの履歴を正確に記録することで、誤解やエラーの発生を抑えることができる。主な機能として以下のようなものがある。

表 10.8　CTI の機能

| 機能 | 内容 |
|------|------|
| 発信者情報の自動表示 | 電話を受けた際に、発信者の過去の購入履歴、問い合わせ履歴などをオペレータのスクリーンに表示する。オペレータは顧客に関する情報を参照しながら対応できる |
| IVR（Interactive Voice Response） | 音声応答や音声認識を通じて、顧客がサービスの種類を選択できる |
| コールルーティング | 発信者の電話番号、発信時刻、IVR などの情報に基づいて、適切な担当者や部門に自動的に電話を転送する |

### 10.5.2　サービス業務における人工知能の活用

　チャットボットはテキストや音声によって顧客との対話を行うシステムである。人工知能の自然言語処理技術を用いて、顧客が入力したテキストの意味や文脈を理解し回答できる。

　24 時間 365 日稼働が可能で繁忙時やピーク時でも問い合わせに迅速に対応できる。このためカスタマーサポートや FAQ の自動応答、予約手続き、e コマースの商品案内など、さまざまな場面で利用されている。

　また、過去のサポート事例や顧客の意見、反応を人工知能に学習させ、発生する可能性のある問題や顧客の要望を予測し FAQ の更新を行う。また、問い合わせに含まれる顧客の感情を分析し、満足度や緊急性に応じて対応する等の利用も行われている。

# 第11章　情報セキュリティと個人情報

　情報セキュリティを維持するために必要な基本的な考え方について説明する。また、個人情報保護法の概要と匿名加工情報などの個人情報活用技術について解説する。さらに、人工知能の発達により個人情報の活用が大きな社会的意義を持つようになったことから、個人情報の保護と活用のバランスについて考える。

## 11.1　情報セキュリティ

### 11.1.1　情報セキュリティ対策の必要性

　サイバー空間でのセキュリティ事故は大量の情報漏洩につながる。また、情報漏洩は発見が遅れることが多く被害が拡大する傾向がある。特に個人情報の漏洩は、被害者への賠償のみでなく、企業や組織の信用失墜にもつながりかねない。営業秘密やその他の情報資産の漏洩は、多額の研究費を投じて開発した技術が競合他社に知られるなど、大きな損害を引き起こす可能性がある。このため確実な情報セキュリティ対策の実施が必要である。

### 11.1.2　情報セキュリティの３要素

　情報セキュリティとは、情報システムに関連する多様な脅威から、情報資産の**機密性**（Confidentiality）、**完全性**（Integrity）、および**可用性**（Availability）を守ることを意味する。これら３つの要素は、それぞれの頭文字をとって**CIA**と呼ばれる。

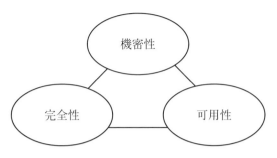

図 11.1　情報セキュリティの 3 要素

**(1)　機密性（Confidentiality）**

　機密性とは、許可されたユーザのみデータにアクセスできるようにすることを意味する。たとえば、アクセス権を設定し、許可された人以外はデータの閲覧や変更ができないようにするなどは機密性を高める方法の 1 つである。機密性の維持には不正アクセスや情報漏洩の防止が必要であり、パスワードによる保護やデータの暗号化などの対策が取られる。

**(2)　完全性（Integrity）**

　完全性とは、情報が本来意図した通りの状態に維持されていることを意味する。本来意図した通りとは、情報が誤りなく正確に記録されていることや最新の状態に更新されていること、また破損や欠落などがない状態を意味する。完全性を確保するためには情報の改ざんや誤記録を防止する必要がある。

**(3)　可用性（Availability）**

　可用性とは、情報へのアクセスが認められたユーザが、必要な時にいつでも情報にアクセスできる状態を維持することである。そのためにはアクセスの集中などによりシステムの利用ができなくなる状態や、サーバやパソコンの故障によるシステムの停止を防止する等の対策が必要である。

### 11.1.3　情報セキュリティポリシーの策定

　情報セキュリティでは、対策の一部が不十分であれば事故につながる可能性がある。そのため、多くの企業は**情報セキュリティポリシー**と呼ばれる情報セキュリティ対策の方針を定め、組織全体の取り組みとして遵守している。また、技術の進歩や事業環境の変化に対応するためには、PDCA サイクルを実施しポリシーを更新することで形骸化を防ぐ必要がある。

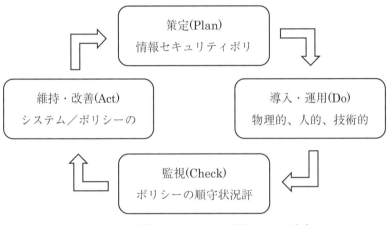

図 11.2　情報セキュリティ対策の PDCA[41]

　重大な事件や事故に発展する可能性を持つ状況の発生を**インシデント**と呼ぶ。米国の安全工学者ハーバード・ハインリッヒ（Herbert Heinrich）は、工場の労働災害に関する調査を基に、1件の重大な事故の背後には多くのインシデントがあるとした。これは**ハインリッヒの法則**と呼ばれる。情報セキュリティの文脈では、小さなセキュリティ侵害やポリシー違反などのインシデントが重大なセキュリティ事故につながる可能性を持つと理解できる。

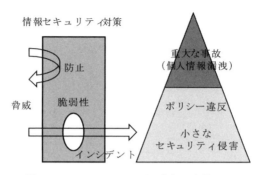

図 11.3　インシデントと重大な事故の関係

## 11.1.4　対策費用と効果のトレードオフ

　情報セキュリティ対策の費用と事故が発生した場合の被害額にはトレードオフの関係がある。対策を強化すれば事故の発生による被害額は小さくできるが費用は増加する。逆に費用を削減すれば被害額は増える。このため、対策と費用のバランスを考慮する必要がある。たとえば、金融機関が管理する個人の資産情報が漏洩した場合、顧客への補償に巨額の費用が想定されるため十分な対策を実施する意味がある。一方、公開しても問題のない情報に対して多額の費用をかけてセキュリティ対策を講じる意義は小さい。

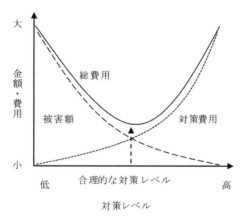

図 11.4　情報セキュリティの対策レベルと費用の関係

### 11.1.5 リスク対策

リスク対策は、発生の可能性と被害の大きさにより 4 つに分類できる。

**＜リスク対策の分類＞**
・ リスク低減：事故の発生確率を下げる対策
　　例：重要な情報へのアクセス制御やソフトウェアの更新を徹底する
・ リスク回避：事故が発生する可能性を除去する対策
　　例：端末の持ち出し禁止（外部での盗難のリスクを回避）
・ リスク移転：リスクを他者へ移す対策
　　例：クラウドサービスの利用、サイバー保険への加入
・ リスク保有：残留リスクとして受け入れる
　　例：リスクが受け入れ可能な大きさであり、有効な対策がない場合、やむを得ず受け入れる

表 11.1　リスク対策の分類

| | | 重要度（被害の大きさ） | |
|---|---|---|---|
| | | 小 | 大 |
| 被害発生の可能性 | 高 | リスク低減 | リスク回避 |
| | 低 | リスク保有 | リスク移転 |

## 11.2 個人情報と個人情報保護法

### 11.2.1 個人情報

**個人情報**とは、生存している個人に関する情報で、氏名、生年月日、住所、顔写真などのように、その情報だけで特定の個人を識別できる情報を指す。また、他の情報と容易に照合でき、それにより個人を特定できる情報も個人情報に含まれる。

単体で個人を識別できる記号、符号を**個人識別符号**という。これには、

DNA、虹彩、声紋、手指の静脈パターンなどの生体情報が含まれる。また、行政機関が個人に割り振るパスポート番号、基礎年金番号、運転免許証番号、住民票コード、マイナンバーなども個人識別符号である。

　通常、他人に知られたくない機微な内容を含む個人情報は**要配慮個人情報**と呼ばれる。これには人種、国籍、信条、信仰する宗教、犯罪歴、病歴などの情報が含まれる。これらの情報を基づく意思決定は、差別を引き起こす可能性があるため、要配慮個人情報の扱いには特に厳格な基準が設けられている。

### 11.2.2　個人情報保護法

　個人が特定可能な情報を含むデータベースを**個人情報データベース**と呼ぶ。個人情報データベースを事業活動の一環で使用する者は**個人情報取扱事業者**と呼ばれ、これらの事業者は**個人情報保護法**に基づいた個人情報の取り扱いを義務付けられる。

　個人情報保護法には、本人から開示依頼を受けた場合、事業者はこれに応じなければならないことが定められている。また、個人情報の取得の際には本人に利用目的を明示し、利用目的の範囲内でのみ使用しなければならないことや、漏洩、滅失、損傷を防ぐための適切な安全対策を講じなければならないこと、さらに個人情報の第三者への提供は原則禁止などが定められている。

### 11.2.3　個人情報の活用

　ネットワーク経由でパソコンやスマートフォンを使用する場合、その利用履歴は、個人情報と共に事業者のサーバに保存される。これらの蓄積されたデータは、人工知能を用いた分析を通じて利用されることで大きな価値を生む。図 11.5 に示されるプロセスに従って、個人情報は日々蓄積され、さまざまな形で活用されている。

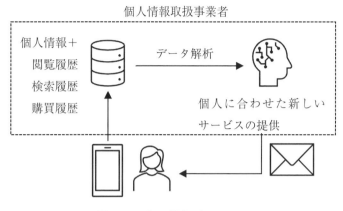

図 11.5　個人情報活用の流れ

## 11.3　個人情報保護に向けた経過

### 11.3.1　プライバシーに関する OECD8 原則

　1980 年に、個人情報の乱用を防ぎつつ国際的な流通を促進する目的で、経済協力開発機構（OECD）において、**プライバシー・ガイドラインの 8 原則**が採択された。この原則は、高度に発展した情報社会において、プライバシー保護や個人情報に関する法規制が国によって異なる場合、情報流通に問題を引き起こす可能性があることから、OECD 加盟国間で整合性のある法整備を推進するために勧告されたものである。

表 11.2 OECD のプライバシー・ガイドラインの 8 原則

| 原則 | 内容 |
|---|---|
| 収集制限の原則 | 同意なしにデータを収集しない |
| データ内容の原則 | 利用目的の範囲内において利用する |
| 目的明確化の原則 | 目的を明確にしたうえでデータを収集する |
| 利用制限の原則 | 原則として、あらかじめ定めた目的以外の目的でデータを利用しない |
| 安全保護の原則 | データの紛失や破壊、改ざん、漏洩などのリスクに対して、合理的な安全保護措置を講じる |
| 公開の原則 | データの利用、取扱い、及びその方針を明らかにする |
| 個人参加の原則 | データを提供した本人に開示、訂正、消去を求める権利を保障する |
| 責任の原則 | データ管理者は上記の原則を遵守する責任を持つ |

これを受けて、日本でも個人情報保護に関する法制度の検討が始まった。1998 年には**プライバシーマーク制度**の運用が開始された。プライバシーとは「個人や家庭内の私事・私生活、個人の秘密、またそれが他人から干渉・侵害を受けない権利」である。厳密には個人情報とプライバシーは異なる概念であるが、意図しない個人情報の取り扱いを制限することでプライバシーの保護も促進されるとの考えのもと、個人情報保護法とプライバシー保護の施策は並行して検討されてきた。

### 11.3.2 EU データ保護指令

1995 年に EU は **EU データ保護指令**を採択した。この指令では、個人データの保護に関する基準を満たしていない第三国へのデータ移転が制限された。そのため、EU 以外の国々にも EU と同等の個人情報保護制度の構築を促進する影響を与え、日本でもこの流れに呼応して 2003 年に個人情報保護法が制定された。

### 11.3.3 EU 一般データ保護規則

2018 年に EU は **EU 一般データ保護規則 GDPR**（General Data Protection Regulation）を施行した。GDPR は EU 域内の居住者の個人データの保護を強化することを目的としており、データの取扱いに関して他

国にも厳格な要請を行っている。たとえば、EU 国内で取得された個人データの域外への移転や、EU 居住者のデータを他国の企業が同意なしに収集することを制限しており、先の EU データ保護指令よりも強い拘束力を持つ。

GDPR は EU に子会社・支店・営業所を有する企業だけでなく、本国から EU に商品やサービスを提供する企業にも適用される。そのため EU 支社の現地従業員の人事情報を日本国内で取り扱うことや、EU でサービスを提供する際に現地顧客の情報を日本国内で利用することが制限され、事業の国際化が進む中で企業にとって極めて厳しい制約となった。

図 11.6　改正個人情報保護法までの経過

しかし、GDPR は第三国が十分なレベルの個人データ保護を行っていると欧州委員会が認めた場合、その国への個人データの移転を認めている。このため EU 域外の各国は、自国の個人情報保護制度を GDPR 準拠のものに改正してきた。日本でも 2020 年に**改正個人情報保護法**が施行された。

## 11.4 改正個人情報保護法と個人情報の活用技術

### 11.4.1 背景

個人情報保護法では、個人情報を取得する際にその利用目的を明確に伝え、本人の同意を得ることが求められている。また、取得した個人情報を本人の許可なく第三者へ提供することは、原則として禁止されている。しかし、

データサイエンスや人工知能の発展に伴い、データの利用方法は多様化しており、今後も取得時の目的とは異なる利用に対するニーズが生じうる。また、蓄積された個人情報を第三者と共有し、新しいビジネスを創出することは社会的な意義を持つ。このような背景を踏まえ、改正個人情報保護法では、個人情報の保護と活用を支援するために**仮名加工**や**匿名加工**といった技術が導入された。これらの技術は個人を特定できない形でデータを活用することを目的とする。

個人の権利。プライバ
シーの保護

個人情報の活用による社会の発展

図 11.7　個人情報の保護と活用のバランス

## 11.4.2　仮名加工情報

　**仮名加工情報**とは、他の情報と照合しない限り特定の個人を識別することができないように加工された情報を指す。図 11.8 に示す仮名加工情報では氏名が取り除かれており個人の識別はできない。しかし、顧客 ID を介して、購入商品を含んだ他のデータファイルと照合ができる場合、たとえば「年収〇〇万円台の 20 代の女性は△△を購入する確率が高い」などの分析は可能であり、仮名加工化されても情報は役に立つ。このように仮名加工により、個人情報を保護しながら、取得時に明示した以外の目的でのデータ利用が有益な場合がある。しかし、仮名加工情報は顧客 ID を他の情報と組み合わせることで個人が識別される可能性が残るため、原則として本人の同意なしでの第三者への提供は禁じられている。

| 本人の同意を得て取得した個人情報 | | | | | 仮名加工情報 | | | |
|---|---|---|---|---|---|---|---|---|
| 氏名 | 顧客ID | 年齢 | 性別 | 年収 | 顧客ID | 年齢 | 性別 | 年収 |
| 鈴木次郎 | xh0865 | 45 | 男 | 623万円 | xh0865 | 45 | 男 | 623万円 |
| 山田花子 | eh9017 | 24 | 女 | 453万円 | eh9017 | 24 | 女 | 453万円 |
| 木村良一 | sg3357 | 62 | 男 | 388万円 | sg3357 | 62 | 男 | 388万円 |
| 田中一郎 | gl4806 | 38 | 男 | 1,109万円 | gl4806 | 38 | 男 | 1,109万円 |
| 佐藤良子 | gd0773 | 15 | 女 | 424万円 | gd0773 | 15 | 女 | 424万円 |

図 11.8　仮名加工の例

### 11.4.3　匿名加工情報

　仮名加工情報よりも利用の自由度が高いものとして**匿名加工情報**がある。匿名加工情報は、個人情報を個人が識別できない状態に加工し、さらに元の状態に復元できないようにした情報である。匿名加工された情報は、その性質上、個人情報とは見なされないため、データの利用に関する制約が緩和される。これにより、分析、統計、その他さまざまな目的でのデータ利用が可能となる。

| 本人の同意を得て取得した個人情報 | | | | | 匿名加工情報 | | |
|---|---|---|---|---|---|---|---|
| 氏名 | ユーザID | 年齢 | 性別 | 年収 | 性別 | 年齢 | 年収 |
| 鈴木次郎 | hskxh0865 | 45 | 男 | 623万円 | 男 | 40-49 | 600-699万円 |
| 山田花子 | oaweh9017 | 24 | 女 | 453万円 | 女 | 20-29 | 400-499万円 |
| 木村良一 | hsbsg3357 | 62 | 男 | 388万円 | 男 | 60-69 | 300-399万円 |
| 田中一郎 | ushgl4806 | 38 | 男 | 1,109万円 | 男 | 30-39 | 800万円以上 |
| 佐藤良子 | pajgd0773 | 15 | 女 | 424万円 | 女 | 10-19 | 400-499万円 |

図 11.9　匿名加工の例

　図 11.9 の例では、年齢や年収は範囲を表す数字で置き換えられている。このような匿名加工情報の加工基準として以下のような指針が定められている。

＜加工基準の例＞
・ 住所は削除するか、都道府県や市区町村までの情報に置き換える。
・ 個人を識別可能な情報と管理用 ID が対応している場合 ID も削除する。
・ 生年月日は削除するか、生年月までの情報に置き換える。

・　年齢情報として「110 歳」と表記されているものは「90 歳以上」に一般
　化する。

　匿名加工された情報は、本人の同意なしに当初の利用目的以外での活用
が可能である他、第三者への提供も可能であり活用の自由度が大きい。匿名
加工情報を利用することで、事業者間でポイントカードの購買履歴や交通
系 IC カードの乗降履歴を共有し、新たなサービスやイノベーションを生み
出すなど、個人情報活用の可能性が広がることが期待されている。

## 参考文献

第 1 章

[1] 一般社団法人 日本経済団体連合会，「Society 5.0 とは」，
https://www.keidanren.or.jp/speech/2018/0924.html，(2024 年 1 月閲覧)

[2] 梅棹忠夫，『情報の文明学』，中公文庫，1999

[3] KDDI 総研，「ICT 先端技術に関する調査研究 報告書」，
https://qr.paps.jp/FidpL，(2024 年 1 月閲覧)

[4] George Gilder, *Tekecosm*, Free Press, 2000
(訳書，葛西重夫訳，『テレコズム』，ソフトバンククリエイティブ，2001)

[5] 野口悠紀雄，『データエコノミー入門』，PHP 新書，2021

[6] 総務省，「ICT スキル総合習得教材」,https://qr.paps.jp/vLh6o ,2017


第 2 章

[7] 伊本貴士，「IoT の教科書」，日経 BP、2017

[8] Hal.Abelson 他，尼丁千津子，教養としてのデジタル』，日経 BP，2021

[9] 情報処理学会歴史特別委員会，『日本のコンピュータ発達史』，オーム社，
1998

[10] Brian Wilson Kernighan，酒匂寛訳，『教養としてのコンピュータサイエンス講義』，日経 BP，2020

[11] 西田啓介，ビッグデータを支える技術，技術評論社、2017


第 3 章

[12] 総務省，「我が国のインターネットにおけるトラヒックの集計・試算」，
https://qr.paps.jp/4Ncdj （2024 年 1 月閲覧）

[13] 情報通信技術研究会，『(第 3 版) 情報通信概論』，電気通信協会，2022


第 4 章

[14]松村 明 （編），『大辞林 第四版』，三省堂，2019

[15] 米国国勢調査局，『ボストンの住宅価格データ』，

https://qr.paps.jp/vkb7,（2024 年 1 月閲覧）

[16] 伊本貴士,『AI の教科書』, 日経 BP、2019

[17] 涌井良幸, 涌井貞美,『Excel でわかるディープラーニング超入門』, 技術評論社、2018


第 5 章

[18] 総務省「進化するデジタル経済とその先にある Society 5.0」
https://qr.paps.jp/RhGMl（2024 年 1 月閲覧）

[19] Windows SKD　　https://developer.microsoft.com/en-us/（2024 年 1 月閲覧）

[20] USB Implementers Forum　https://www.usb.org/（2024 年 1 月閲覧）

[21] IEEE　　https://www.ieee.org/（2024 年 1 月閲覧）

[22] 特許庁「ビジネス関連発明の最近の動向について」
https://qr.paps.jp/YahZw（2024 年 1 月閲覧）


第 6 章

[23] Michael Hammer and James Champy , *Reengineering The Corporation*, Harper Business, 1993
（訳書, 野中郁次郎監訳,『リエンジニアリング革命』, 日本経済新聞社, 1993）

[24] 國重靖子,『IT 投資の評価手法と効果がしっかりわかる教科書』, 技術評論社, 2020

[25] 総務省,「デジタルで支える暮らしと経済」, https://qr.paps.jp/vNMrP（2024 年 1 月閲覧）

[26] 一般社団法人電子情報技術産業協会,「IT を活用した経営に対する日米企業の相違分析」, https://qr.paps.jp/6zaxJ（2024 年 1 月閲覧）


第 7 章

[27] 津田久資,『ロジカル問題解決』, PHP 研究所, 2003

[28] 岡重文、『ロジカル・シンキング練習帳』、東洋経済新報社、2020

第 8 章

[29] Jr FrederickP.Brooks, *Mythical Man-Month*, Addison-Wesley Professional, 1995

（訳書, 滝沢 徹　他訳,『人月の神話』, ピアソンエデュケーション, 2002）

[30] Steve McCornell, 田沢恵, 溝口真理子訳,『ソフトウェア見積もり』, 日経 BP ソフトプレス, 2006

[31] 関川弘,「社内向けソリューションの採算条件 ～ 1 ユーザー購入の場合の最小サービス回数に関する考察」, 日本経営システム学会 Vol.27 No.1, 2010


第 9 章

[32] Michael　Porter, 土岐坤訳,『競争優位の戦略』, ダイヤモンド社、1985

[33] 武藤明則,『経営情報システム教科書 補訂版』, 同文館出版, 2010

[34] 鶴光太郎,『AI の経済学』, 日本評論社, 2021

[35] 北川源四郎, 竹村彰通（編),『教養としてのデータサイエンス』, 翔泳社、2022


第 10 章

[36] 石川和幸,『エンジニアが学ぶ物流システムの「知識」と「技術」』, 翔泳社、2018

[37] 村上均,『よくわかる SAP の導入と運用』, 秀和システム、2018


第 11 章

[38] 山田恒夫,『情報セキュリティ概論』, 放送大学教育振興会、2022

[39] すずきひろのぶ,『セキュリティ講義』, 技術評論社、2017

[40] 島田裕次,『個人情報保護法への企業の対応: リスクマネジメントと事例から見た実務の要点』, 日科技連出版社、2021

[41] 総務省,「国民のためのサイバーセキュリティサイト」, https://qr.paps.jp/utYxJ,（2024 年 1 月閲覧）

# さ く い ん

## 筆者経歴

＜学歴＞

早稲田大学理工学部 工業経営学科 卒業（学士（工学））

早稲田大学 大学院 社会科学研究科 博士前期課程 修了（修士（学術））

高崎経済大学 大学院 経済・経営研究科 博士後期課程 修了（博士（経営学）

＜職歴＞

日本電信電話株式会社 （NTT）

NTT データ

学校法人 学文館 上武大学 ビジネス情報学部 准教授（現職）

＜非常勤講師＞

高崎経済大学「経営情報論」、「経営情報システム論」

群馬県立女子大学「情報処理 I」

＜資格等＞

電気通信主任技術者 伝送交換 I 種

情報処理 1 種

情報処理 オンライン

実用英語技能検定 1 級

TOEIC 最新スコア 970 点（2023 年）

## 経営と情報システム
ビジネスと情報技術の融合

2024 年 3 月 20 日　第 1 版　第 1 刷　印刷
2024 年 4 月 1 日　第 1 版　第 1 刷　発行

著　者　関川　　弘

発行者　発田和子

発行所　株式会社学術図書出版社

〒113−0033　東京都文京区本郷 5 丁目 4−6
TEL03−3811−0889　振替 00110−4−28454

印刷　三松堂（株）

定価はカバーに表示してあります.

©2024　Sekikawa H.　Printed in Japan
ISBN978-4-7806-1221-9